Jean de La Fontaine
Fables

Classiques & Patrimoine

Appareil pédagogique par
Laurence Sudret
professeur de Lettres

Lexique établi par
Michèle Sendre

MAGNARD

Présentation : l'auteur, l'œuvre et son contexte

Fables

de La Fontaine

Étude de l'œuvre : séances

Sommaire

Présentation : l'auteur, l'œuvre et son contexte

Jean de La Fontaine
(1621-1695)

Jean de La Fontaine naît à Château-Thierry et sera, de 1652 à 1672, maître des Eaux et Forêts de ce canton.

Le travail scolaire ne l'intéresse guère et, en 1641, il entre à l'Oratoire (congrégation religieuse), à Paris. Toutefois, il rejette la vie monacale, à laquelle il préfère la lecture.

Lorsque sa vie provinciale le lasse, il se rend à Paris, où il fréquente les salons littéraires. En 1658, il entre au service de Fouquet, qu'il défend vivement quand ce dernier tombe en disgrâce et est condamné par Louis XIV. Il semble que ce soutien au surintendant des Finances lui soit nuisible, d'une certaine façon.

Les six premiers Livres des *Fables* sont publiés en 1668. Les Livres VII à XI seront édités en 1678 et 1679 et le dernier Livre le sera en 1694 (après avoir été publié dans une revue de 1689 à 1692). S'il est surtout connu pour ces textes, il ne faut pas oublier que La Fontaine a diversifié sa production, allant du roman (*Les Amours de Psyché et Cupidon*, 1669) aux contes, en passant par les poèmes épiques (*Le Songe de Vaux*). La Fontaine ne craint pas de prendre position quand il le juge nécessaire, et il participe d'ailleurs activement à la « querelle des Anciens et des Modernes », prenant alors le parti des Anciens.

S'il renie, à la fin de sa vie, certains de ses textes licencieux sous la pression de l'Église, n'oublions pas que, pendant toute son existence, il a su préserver sa liberté d'écriture.

Frontispice d'un recueil de Fables *de La Fontaine publié en 1755. Illustration créée à partir d'une gravure de Jean-Baptiste Oudry.*

Présentation : l'auteur, l'œuvre et son contexte

Fables (1668-1694)

Les *Fables* ont été publiées en plusieurs temps : en 1668 (Livres I à VI), 1678-1679 (Livres VII à XI) et 1694 (Livre XII). N'oublions pas néanmoins que les textes étaient publiés au fur et à mesure dans des revues avant de paraître sous forme d'ouvrages.

Le recueil propose quarante-trois fables extraites de tous les livres (I à XII). Ces dernières présentent un éventail large des sujets abordés : la critique, qui porte non seulement sur la cour de Louis XIV, mais également sur la nature de l'homme en général, apparaît souvent par l'intermédiaire de la personnifi-

Contexte historique et culturel

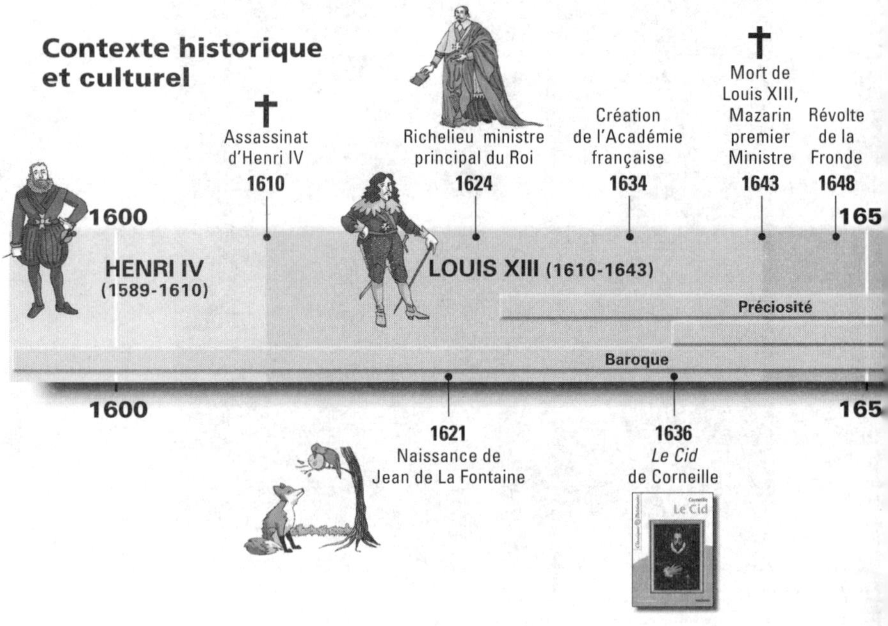

cation animale. Les fables les plus célèbres figurent en bonne place, naturellement, mais quelques textes moins connus, voire totalement oubliés, reviennent ici au grand jour.

Le lecteur aura en outre le plaisir de lire des fables issues de différentes sources d'inspiration : qu'il s'agisse d'Ésope (le grand fabuliste de l'Antiquité grecque), de Phèdre (le poète latin) ou même de Fénelon. On devine alors la vaste culture de notre auteur, due à son goût immodéré de la lecture, et son intérêt pour la réécriture de textes anciens.

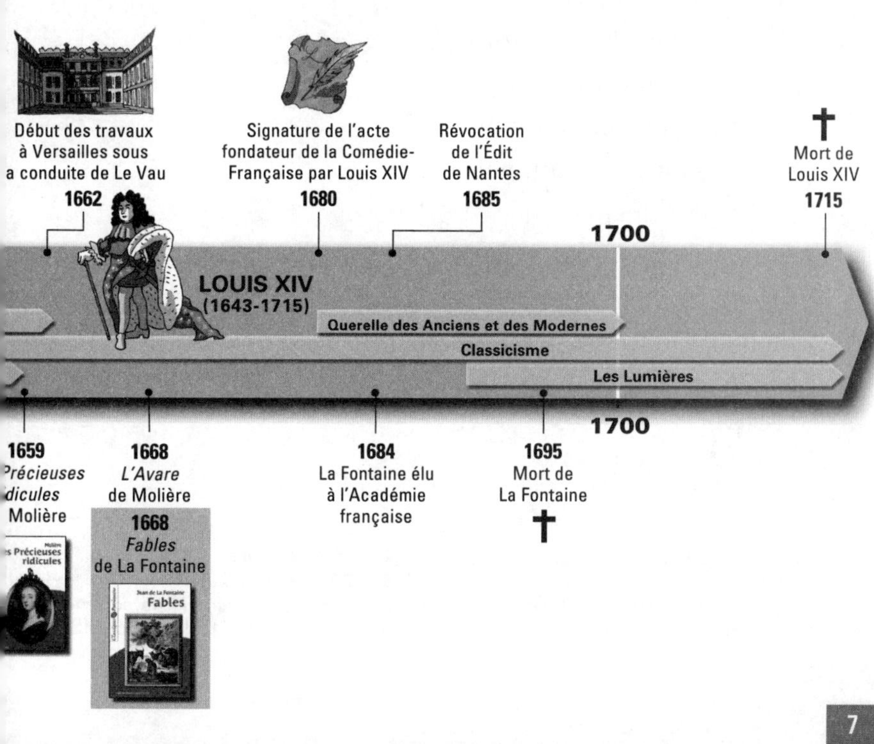

La Cigale et la Fourmi

La Cigale, ayant chanté
 Tout l'été,
Se trouva fort dépourvue[1]
Quand la bise[2] fut venue :
Pas un seul petit morceau
De mouche ou de vermisseau[3].
Elle alla crier famine
Chez la Fourmi sa voisine,
La priant de lui prêter
Quelque grain pour subsister[4]
Jusqu'à la saison nouvelle.
« Je vous paierai, lui dit-elle,
Avant l'Oût[5], foi d'animal,
Intérêt et principal[6]. »
La fourmi n'est pas prêteuse ;
C'est là son moindre défaut.
« Que faisiez-vous au temps chaud ?
Dit-elle à cette emprunteuse.

Vocabulaire

1. *Dépourvue :* sans ressource, sans bien.
2. *Bise :* vent froid, ici l'hiver.
3. *Vermisseau :* petit vers.
4. *Subsister :* vivre.
5. *L'Oût :* le mois d'août.
6. *Intérêt et principal :* la somme prêtée et les intérêts de l'emprunt.

– Nuit et jour à tout venant[1]
Je chantais, ne vous déplaise.
– Vous chantiez ? j'en suis fort aise[2].
Eh bien ! dansez maintenant. »

Vocabulaire
1. *À tout venant :* à toute occasion. **2.** *Fort aise :* bien contente.

Le Corbeau et le Renard

Maître Corbeau, sur un arbre perché,
Tenait en son bec un fromage.
Maître Renard, par l'odeur alléché[1],
Lui tint à peu près ce langage :
« Hé ! bonjour, Monsieur du Corbeau.
Que vous êtes joli ! que vous me semblez beau !
Sans mentir, si votre ramage[2]
Se rapporte[3] à votre plumage,
Vous êtes le Phénix[4] des hôtes[5] de ces bois. »
À ces mots le Corbeau ne se sent pas de joie ;
Et pour montrer sa belle voix,
Il ouvre un large bec, laisse tomber sa proie.
Le Renard s'en saisit, et dit : « Mon bon Monsieur,
Apprenez que tout flatteur
Vit aux dépens de celui qui l'écoute :
Cette leçon vaut bien un fromage, sans doute. »
Le Corbeau, honteux et confus[6],
Jura, mais un peu tard, qu'on ne l'y prendrait plus.

Vocabulaire

1. *Alléché* : attiré.
2. *Ramage* : chant.
3. *Se rapporte* : est équivalent.
4. *Phénix* : personne unique en son genre et supérieure aux autres.
5. *Hôtes* : habitants (ici, les autres animaux).
6. *Confus* : embarrassé.

Le Loup et le Chien

Un Loup n'avait que les os et la peau,
Tant les Chiens faisaient bonne garde.
Ce Loup rencontre un dogue[1] aussi puissant que beau,
Gras, poli, qui s'était fourvoyé[2] par mégarde[3].
L'attaquer, le mettre en quartiers[4],
Sire Loup l'eût fait volontiers ;
Mais il fallait livrer bataille,
Et le Mâtin[5] était de taille
À se défendre hardiment[6].
Le Loup donc, l'aborde humblement[7],
Entre en propos[8], et lui fait compliment
Sur son embonpoint[9], qu'il admire.
« Il ne tiendra qu'à vous, beau sire,
D'être aussi gras que moi, lui repartit[10] le Chien.
Quittez les bois, vous ferez bien :
Vos pareils y sont misérables,
Cancres, hères, et pauvres diables[11],

Vocabulaire

1. *Dogue :* chien très musclé et large.
2. *Fourvoyé :* trompé de chemin, perdu.
3. *Par mégarde :* par inattention.
4. *En quartiers :* en morceaux.
5. *Mâtin :* gros chien.
6. *Hardiment :* avec cœur, courage.
7. *Humblement :* modestement.
8. *Entre en propos :* commence à discuter.
9. *Embonpoint :* fait d'être enveloppé, gros.
10. *Repartit :* répond.
11. *Cancres, hères, et pauvres diables :* trois synonymes de pauvres, malheureux.

Dont la condition[1] est de mourir de faim.
Car quoi ? rien d'assuré ; point de franche lippée[2] ;
Tout à la pointe de l'épée.
Suivez-moi, vous aurez un bien meilleur destin. »
Le Loup reprit : « Que me faudra-t-il faire ?
– Presque rien, dit le Chien : donner la chasse aux gens
Portant bâtons, et mendiants ;
Flatter ceux du logis, à son maître complaire[3] :
Moyennant quoi votre salaire
Sera force reliefs[4] de toutes les façons[5],
Os de poulets, os de pigeons,
Sans parler de mainte caresse. »
Le Loup déjà se forge une félicité[6]
Qui le fait pleurer de tendresse
Chemin faisant, il vit le col[7] du Chien pelé[8].
« Qu'est-ce là ? lui dit-il. – Rien. – Quoi ? rien ? – Peu de chose.
– Mais encor ? – Le collier dont je suis attaché
De ce que vous voyez est peut-être la cause.
– Attaché ? dit le Loup : vous ne courez donc pas
Où vous voulez ? – Pas toujours ; mais qu'importe ?

Vocabulaire

1. *La condition :* la seule assurance.
2. *Franche lippée :* bonne portion de nourriture.
3. *Complaire :* faire plaisir.
4. *Reliefs :* restes (en parlant d'un repas).
5. *Les façons :* de tous les types.
6. *Se forge une félicité :* s'imagine son bonheur prochain.
7. *Col :* cou.
8. *Pelé :* sans poils.

– Il importe si bien, que de tous vos repas
Je ne veux en aucune sorte[1],
Et ne voudrais pas même à ce prix un trésor. »
Cela dit, maître Loup s'enfuit, et court encor.

Vocabulaire
1. *En aucune sorte :* à aucun prix.

La Génisse[1], la Chèvre et la Brebis[2] en société avec le Lion

La Génisse, la Chèvre et leur sœur la Brebis,
Avec un fier[3] Lion, Seigneur du voisinage,
Firent société[4], dit-on, au temps jadis,
Et mirent en commun le gain et le dommage[5].
Dans les lacs[6] de la Chèvre un Cerf se trouva pris.
Vers ses associés aussitôt elle envoie[7].
Eux venus, le Lion par ses ongles compta,
Et dit : « Nous sommes quatre à partager la proie ».
Puis, en autant de parts le Cerf il dépeça[8] ;
Prit pour lui la première en qualité de Sire :
« Elle doit être à moi, dit-il, et la raison,
C'est que je m'appelle Lion :
À cela l'on n'a rien à dire.
La seconde, par droit, me doit échoir[9] encor :
Ce droit, vous le savez, c'est le droit du plus fort.

Vocabulaire

1. *Génisse :* jeune vache.
2. *Brebis :* femelle du bélier.
3. *Fier :* audacieux, orgueilleux.
4. *Firent société :* se réunirent.
5. *Le gain et le dommage :* leurs revenus et leurs pertes.
6. *Lacs :* filets.
7. *Vers ses associés aussitôt elle envoie :* elle envoie aussitôt chercher ses associés.
8. *Dépeça :* découpa.
9. *Me doit échoir :* doit me revenir.

Comme le plus vaillant, je prétends[1] la troisième.
Si quelqu'une de vous touche à la quatrième,
Je l'étranglerai tout d'abord[2]. »

Vocabulaire
1. *Prétends :* réclame.
2. *Tout d'abord :* sur-le-champ.

Le Loup et l'Agneau

La raison du plus fort est toujours la meilleure :
Nous l'allons montrer tout à l'heure[1].

Un Agneau se désaltérait[2]
Dans le courant d'une onde[3] pure.
Un Loup survient à jeun[4], qui cherchait aventure,
Et que la faim en ces lieux attirait.
« Qui te rend si hardi[5] de troubler[6] mon breuvage ?
Dit cet animal plein de rage :
Tu seras châtié[7] de ta témérité[8].
– Sire, répond l'Agneau, que Votre Majesté
Ne se mette pas en colère ;
Mais plutôt qu'elle considère[9]
Que je me vas désaltérant
Dans le courant,
Plus de vingt pas au-dessous[10] d'Elle ;
Et que par conséquent, en aucune façon
Je ne puis troubler sa boisson.

Vocabulaire

1. *Tout à l'heure :* tout de suite.
2. *Se désaltérait :* buvait, calmait sa soif.
3. *Onde :* eau.
4. *À jeun :* n'ayant rien mangé.
5. *Hardi :* audacieux.
6. *Troubler :* souiller, salir.
7. *Châtié :* puni.
8. *Témérité :* audace.
9. *Considère :* observe bien.
10. *Au-dessous :* plus bas dans le sens du courant.

– Tu la troubles, reprit cette bête cruelle ;
Et je sais que de moi tu médis[1] l'an passé.
– Comment l'aurais-je fait si je n'étais pas né ?
Reprit l'Agneau ; je tète encor ma mère.
– Si ce n'est toi, c'est donc ton frère.
– Je n'en ai point. – C'est donc l'un des tiens ;
Car vous ne m'épargnez[2] guère,
Vous, vos bergers et vos Chiens.
On me l'a dit : il faut que je me venge. »
Là-dessus, au fond des forêts
Le Loup l'emporte, et puis le mange,
Sans autre forme de procès.

Vocabulaire
1. *Médis :* dis du mal.
2. *Épargnez :* préservez, laissez tranquille.

Les deux Taureaux et une Grenouille

Deux taureaux combattaient à qui[1] posséderait
Une Génisse avec l'empire.
Une grenouille en soupirait.
« Qu'avez-vous ? » se mit à lui dire
Quelqu'un du peuple croassant[2].
« Eh ! ne voyez-vous pas, dit-elle,
Que la fin[3] de cette querelle
Sera l'exil de l'un ; que l'autre, le chassant,
Le fera renoncer aux campagnes fleuries ?
Il ne régnera plus sur l'herbe des prairies,
Viendra dans nos marais régner sur nos roseaux ;
Et nous foulant aux pieds[4] jusques au fond des eaux,
Tantôt l'une, et puis l'autre, il faudra qu'on pâtisse[5]
Du combat qu'a causé Madame la Génisse. »

Cette crainte était de bon sens.
L'un des taureaux en leur demeure[6]
S'alla cacher, à leurs dépens[7] :

Vocabulaire

1. *À qui :* pour savoir qui.
2. *Croassant :* erreur que l'on trouve dans toutes les éditions ; il s'agit de « coassant », ce qui désigne les autres grenouilles.
3. *La fin :* le résultat.
4. *Nous foulant aux pieds :* nous écrasant.
5. *Pâtisse :* souffre.
6. *En leur demeure :* dans les marais.
7. *À leurs dépens :* à leurs frais.

Il en écrasait vingt par heure.
Hélas, on voit que de tout temps
Les petits ont pâti des sottises des grands.

Le Lion et le Rat

Il faut, autant qu'on peut, obliger[1] tout le monde :
On a souvent besoin d'un plus petit que soi.
De cette vérité deux fables feront foi[2],
Tant la chose en preuves abonde.
Entre les pattes d'un Lion
Un Rat sortit de terre assez à l'étourdie[3].
Le roi des animaux, en cette occasion,
Montra ce qu'il était et lui donna[4] la vie.
Ce bienfait ne fut pas perdu.
Quelqu'un aurait-il jamais cru
Qu'un Lion d'un Rat eût affaire[5] ?
Cependant il advint[6] qu'au sortir des forêts
Ce Lion fut pris dans des rets[7],
Dont ses rugissements ne le purent défaire.
Sire Rat accourut et fit tant[8] par ses dents
Qu'une maille rongée emporta tout l'ouvrage.
Patience et longueur de temps
Font plus[9] que force ni que rage.

Vocabulaire

1. *Obliger :* rendre service.
2. *Feront foi :* donneront la preuve.
3. *À l'étourdie :* étourdiment, sans faire attention.
4. *Donna :* ici, laissa.
5. *Eût affaire :* eût besoin.
6. *Advint :* arriva.
7. *Rets :* filets.
8. *Fit tant :* fit tant d'efforts.
9. *Font plus :* réussissent mieux.

Le Corbeau voulant imiter l'Aigle

L'oiseau de Jupiter[1] enlevant un Mouton,
Un Corbeau, témoin de l'affaire,
Et plus faible des reins[2], mais non pas moins glouton[3],
En voulant sur l'heure autant faire.
Il tourne à l'entour[4] du troupeau,
Marque[5] entre cent Moutons le plus gras, le plus beau,
Un vrai Mouton de sacrifice :
On l'avait réservé pour la bouche des Dieux.
Gaillard[6] Corbeau disait, en le couvant des yeux :
« Je ne sais qui fut ta nourrice ;
Mais ton corps me paraît en merveilleux état :
Tu me serviras de pâture[7]. »
Sur l'animal bêlant à ces mots il s'abat.
La moutonnière créature
Pesait plus qu'un fromage, outre que[8] sa toison
Était d'une épaisseur extrême,
Et mêlée[9] à peu près de la même façon
Que la barbe de Polyphème[10].

Vocabulaire et noms propres

1. *Oiseau de Jupiter :* l'aigle est l'attribut de ce dieu.
2. *Plus faible des reins :* moins fort pour soulever.
3. *Glouton :* gourmand.
4. *À l'entour :* autour.
5. *Marque :* repère.
6. *Gaillard :* ici, maître.
7. *Pâture :* proie.
8. *Outre que :* d'autant plus que.
9. *Mêlée :* épaisse.
10. *Polyphème :* cyclope, fils de Poséidon, dont la barbe était très épaisse et emmêlée.

Elle empêtra[1] si bien les serres du Corbeau,
Que le pauvre animal ne put faire retraite[2].
Le berger vient, le prend, l'encage[3] et beau
Le donne à ses enfants pour servir d'amusette[4].
Il faut se mesurer[5] ; la conséquence est nette :
Mal prend aux Volereaux[6] de faire les Voleurs.
L'exemple est un dangereux leurre[7] :
Tous les mangeurs de gens ne sont pas grands seigneurs ;
Où la Guêpe a passé, le Moucheron demeure.

Vocabulaire

1. *Empêtra :* accrocha.
2. *Faire retraite :* fuir.
3. *L'encage :* l'enferme dans une cage.
4. *Amusette :* distraction.
5. *Se mesurer :* savoir se juger.
6. *Volereaux :* terme inventé sans doute par La Fontaine et désignant des voleurs sans grand talent.
7. *Leurre :* illusion.

Les Grenouilles qui demandent un Roi

Les Grenouilles, se lassant
De[1] l'état démocratique,
Par leurs clameurs[2] firent tant
Que Jupin[3] les soumit au pouvoir monarchique.
Il leur tomba du ciel un Roi tout pacifique[4] :
Ce Roi fit toutefois un tel bruit en tombant,
Que la gent[5] marécageuse,
Gent fort sotte et fort peureuse,
S'alla cacher sous les eaux,
Dans les joncs[6], dans les roseaux,
Dans les trous du marécage,
Sans oser de longtemps regarder au visage[7]
Celui qu'elles croyaient être un géant nouveau ;
Or c'était un soliveau[8],
De qui la gravité fit peur à la première
Qui, de le voir s'aventurant,
Osa bien quitter sa tanière[9].

Vocabulaire et nom propre

1. *Se lassant de :* ennuyées par.
2. *Clameurs :* cris (de mécontentement le plus souvent).
3. *Jupin :* autre nom de Jupiter.
4. *Pacifique :* qui prône la paix.
5. *Gent :* nation, espèce. Ici, l'expression « gent marécageuse » représente les grenouilles.
6. *Joncs :* plantes droites et flexibles.
7. *Au visage :* en face, dans les yeux.
8. *Soliveau :* homme sans force morale, sans autorité.
9. *Tanière :* refuge.

Elle approcha, mais en tremblant.
Une autre la suivit, une autre en fit autant,
Il en vint une fourmilière ;
Et leur troupe à la fin se rendit familière[1]
Jusqu'à sauter sur l'épaule du Roi.
Le bon Sire le souffre[2], et se tient toujours coi[3].
Jupin en a bientôt la cervelle rompue[4].
« Donnez-nous, dit ce peuple, un Roi qui se remue. »
Le Monarque des Dieux leur envoie une Grue[5],
Qui les croque, qui les tue,
Qui les gobe[6] à son plaisir,
Et Grenouilles de se plaindre ;
Et Jupin de leur dire : « Eh quoi ! votre désir
À ses lois croit-il nous astreindre[7] ?
Vous auriez dû premièrement
Garder votre gouvernement ;
Mais, ne l'ayant pas fait, il vous devait suffire
Que votre premier Roi fût débonnaire[8] et doux :
De celui-ci contentez-vous,
De peur d'en rencontrer un pire. »

Vocabulaire

1. *Familière :* proche du roi.
2. *Souffre :* supporte.
3. *Coi :* silencieux.
4. *La cervelle rompue :* mal à la tête.
5. *Grue :* oiseau aux longues pattes.
6. *Gobe :* avale.
7. *Astreindre :* limiter.
8. *Débonnaire :* d'un caractère très bon et doux.

L'Ivrogne et sa Femme

Chacun a son défaut où[1] toujours il revient :
Honte ni peur n'y remédie[2].

Sur ce propos, d'un conte il me souvient[3] :
Je ne dis rien que je n'appuie[4]
De quelque exemple. Un suppôt[5] de Bacchus[6]
Altérait[7] sa santé, son esprit et sa bourse.
Telles gens n'ont pas fait la moitié de leur course
Qu'ils sont au bout de leurs écus[8].
Un jour que celui-ci, plein du jus de la treille[9],
Avait laissé ses sens[10] au fond d'une bouteille,
Sa femme l'enferma dans un certain tombeau.
Là, les vapeurs du vin nouveau
Cuvèrent[11] à loisir. À son réveil il treuve[12]
L'attirail[13] de la mort à l'entour[14] de son corps :
Un luminaire[15], un drap des morts.

Vocabulaire et nom propre

1. *Où :* auquel.
2. *Remédie :* apporte une solution.
3. *Il me souvient :* je me souviens.
4. *Appuie :* prouve.
5. *Suppôt :* personne qui aide une autre personne dans ses mauvaises actions.
6. *Bacchus :* latin pour Dionysos, dieu des vignes et du vin.
7. *Altérait :* faisait du mal.
8. *Leurs écus :* leur argent.
9. *La treille :* la vigne.
10. *Ses sens :* son esprit.
11. *Cuvèrent :* se dissipèrent petit à petit.
12. *Treuve :* trouve, ancienne forme du verbe trouver.
13. *Attirail :* les objets utilisés dans certaines circonstances.
14. *À l'entour :* autour.
15. *Luminaire :* flambeau.

« Oh ! dit-il, qu'est ceci ? Ma femme est-elle veuve ? »
Là-dessus, son épouse, en habit d'Alecton[1],
Masquée[2], et de sa voix contrefaisant le ton[3],
Vient au prétendu[4] mort, approche de sa bière[5],
Lui présente un chaudeau[6] propre pour Lucifer.
L'époux alors ne doute en aucune manière
Qu'il ne soit citoyen d'enfer.
« Quelle personne es-tu ? dit-il à ce fantôme.
– La cellerière[7] du royaume
De Satan, reprit-elle ; et je porte à manger
À ceux qu'enclôt[8] la tombe noire. »
Le mari repart[9], sans songer[10] :
« Tu ne leur portes point à boire ? »

Vocabulaire et nom propre

1. *Alecton :* une des Furies grecques, divinités qui poursuivaient les criminels.
2. *Masquée :* portant un masque sur le visage.
3. *Contrefaisant le ton :* transformant le son.
4. *Prétendu :* faux.
5. *Bière :* cercueil.
6. *Chaudeau :* bouillon.
7. *Cellerière :* religieuse qui s'occupe des provisions.
8. *Enclôt :* enferme.
9. *Repart :* répond.
10. *Songer :* réfléchir.

Le Renard et les Raisins

Certain Renard gascon[1], d'autres disent normand[2],
Mourant presque de faim, vit au haut d'une treille[3]
Des raisins mûrs apparemment[4],
Et couverts d'une peau vermeille[5].
Le galand[6] en eût fait volontiers un repas ;
Mais comme il n'y pouvait atteindre :
« Ils sont trop verts, dit-il, et bons pour des goujats[7]. »

Fit-il pas mieux que de se plaindre ?

Vocabulaire

1. *Gascon :* de Gascogne. Ici, vantard.
2. *Normand :* de Normandie. Ici, qui répond de manière ambiguë.
3. *Treille :* vigne.
4. *Apparemment :* selon leur apparence.
5. *Vermeille :* rouge vif.
6. *Galand :* fripon.
7. *Goujats :* ici, valets.

La Belette entrée dans un grenier

Damoiselle Belette, au corps long et fluet[1],
Entra dans un grenier par un trou fort étroit :
Elle sortait de maladie.
Là, vivant à discrétion[2],
La galande[3] fit chère lie[4],
Mangea, rongea : Dieu sait la vie,
Et le lard qui périt en cette occasion !
La voilà, pour conclusion[5],
Grasse, mafflue[6] et rebondie[7].
Au bout de la semaine, ayant dîné son soûl[8],
Elle entend quelque bruit, veut sortir par le trou,
Ne peut plus repasser, et croit s'être méprise[9].
Après avoir fait quelques tours,
« C'est, dit-elle, l'endroit : me voilà bien surprise ;
J'ai passé par ici depuis cinq ou six jours. »
Un Rat, qui la voyait en peine,
Lui dit : « Vous aviez lors la panse[10] un peu moins pleine.
Vous êtes maigre entrée, il faut maigre sortir.

Vocabulaire

1. *Fluet :* mince et délicat.
2. *À discrétion :* à volonté.
3. *Galande :* friponne.
4. *Chère lie :* un joyeux repas.
5. *Pour conclusion :* en fin de compte.
6. *Mafflue :* joufflue, aux grosses joues.
7. *Rebondie :* enrobée, bien ronde.
8. *Son soûl :* autant qu'elle le put.
9. *Méprise :* trompée.
10. *Panse :* estomac, ventre.

Ce que je vous dis là, l'on le dit à bien d'autres ;
Mais ne confondons point, par trop approfondir,
Leurs affaires avec les vôtres. »

Le Berger et la Mer

Du rapport[1] d'un troupeau, dont il vivait sans soins,
Se contenta longtemps un voisin d'Amphitrite[2] :
Si sa fortune était petite,
Elle était sûre tout au moins.
À la fin, les trésors déchargés sur la plage
Le tentèrent si bien[3] qu'il vendit son troupeau,
Trafiqua[4] de l'argent, le mit entier sur l'eau.
Cet argent périt par naufrage.
Son Maître fut réduit[5] à garder les Brebis,
Non plus Berger en chef comme il était jadis,
Quand ses propres Moutons paissaient[6] sur le rivage :
Celui qui s'était vu[7] Corydon ou Tircis[8]
Fut Pierrot[9], et rien davantage.
Au bout de quelque temps il fit quelques profits[10],
Racheta des bêtes à laine ;
Et comme un jour les vents, retenant leur haleine,
Laissaient paisiblement aborder les vaisseaux :

Vocabulaire et noms propres

1. *Rapport :* revenu.
2. *Amphitrite :* épouse de Neptune, dieu des océans.
3. *Si bien :* tellement.
4. *Trafiqua :* fit le commerce de. Ici, le vers signifie qu'il mit sa fortune dans un navire et sa cargaison.
5. *Réduit :* obligé ; indique une régression.
6. *Paissaient :* mangeaient dans les champs.
7. *S'était vu :* avait été.
8. *Corydon, Tircis* : noms de bergers des *Bucoliques* de Virgile.
9. *Pierrot :* prénom qui désigne souvent un paysan.
10. *Fit quelques profits :* gagna un peu d'argent.

« Vous voulez de l'argent, ô Mesdames les Eaux,
Dit-il ; adressez-vous, je vous prie, à quelque autre :
Ma foi ! vous n'aurez pas le nôtre. »

Ceci n'est pas un conte à plaisir inventé[1].
Je me sers de la vérité
Pour montrer, par expérience,
Qu'un sou, quand il est assuré[2],
Vaut mieux que cinq en espérance ;
Qu'il se faut contenter de sa condition ;
Qu'aux conseils de la Mer et de l'Ambition[3]
Nous devons fermer les oreilles.
Pour un qui s'en louera[4], dix mille s'en plaindront.
La Mer promet monts et merveilles[5] :
Fiez-vous-y[6], les vents et les voleurs viendront.

Vocabulaire

1. *À plaisir inventé :* inventé pour le plaisir.
2. *Assuré :* certain.
3. *Ambition :* envie de gloire.
4. *Louera :* félicitera.
5. *Monts et merveilles :* des choses extraordinaires.
6. *Fiez-vous y :* faites lui confiance.

Le Singe et le Dauphin

C'était chez les Grecs un usage[1]
Que sur la mer tous voyageurs
Menaient[2] avec eux en voyage
Singes et Chiens de bateleurs[3].
Un navire en cet équipage[4]
Non loin d'Athènes fit naufrage,
Sans les Dauphins tout eût péri.
Cet animal est fort ami
De notre espèce : en son histoire
Pline[5] le dit, il le faut croire.
Il sauva donc tout ce qu'il put.
Même un Singe en cette occurrence[6],
Profitant de la ressemblance,
Lui pensa devoir son salut.
Un Dauphin le prit pour un homme,
Et sur son dos le fit asseoir
Si gravement qu'on eût cru voir
Ce chanteur que tant on renomme.
Le Dauphin l'allait mettre à bord,

Vocabulaire et nom propre

1. *Un usage :* une habitude.
2. *Menaient :* emmenaient.
3. *Bateleurs :* personnes qui font des tours, pour distraire.
4. *En cet équipage :* ayant un équipage identique.
5. *Pline :* Pline l'Ancien, écrivain romain (Ier siècle après J.-C.).
6. *Occurrence :* situation.

Quand, par hasard, il lui demande :
« Êtes-vous d'Athènes la grande ?
– Oui, dit l'autre ; on m'y connaît fort :
S'il vous y survient quelque affaire[1],
Employez-moi ; car mes parents
Y tiennent tous les premiers rangs :
Un mien cousin est Juge-maire. »
Le Dauphin dit : « Bien grand merci :
Et le Pirée[2] a part aussi
A l'honneur de votre présence ?
Vous le voyez souvent, je pense ?
– Tous les jours : il est mon ami,
C'est une vieille connaissance. »
Notre magot[3] prit, pour ce coup,
Le nom d'un port pour un nom d'homme.
De telles gens il est beaucoup
Qui prendraient Vaugirard[4] pour Rome,
Et qui, caquetant au plus dru[5],
Parlent de tout, et n'ont rien vu.
Le Dauphin rit, tourne la tête,
Et, le magot considéré[6],

Vocabulaire et noms propres

1. *S'il vous y survient quelque affaire :* si une affaire vous y amène.
2. *Le Pirée :* port d'Athènes.
3. *Magot :* singe.
4. *Vaugirard :* quartier de Paris.
5. *Caquetant au plus dru :* parlant à tort à travers.
6. *Considéré :* reconnu (comme un singe).

Il s'aperçoit qu'il n'a tiré
Du fond des eaux rien qu'une bête.
Il l'y replonge, et va trouver
Quelque homme afin de le sauver.

Le Loup, la Mère et l'Enfant

Ce Loup[1] me remet en mémoire
Un de ses compagnons qui fut encore mieux pris :
Il y périt[2]. Voici l'histoire :

Un villageois avait à l'écart son logis.
Messer[3] Loup attendait chape-chute[4] à la porte ;
Il avait vu sortir gibier de toute sorte,
Veaux de lait[5], Agneaux et Brebis,
Régiments de dindons, enfin bonne provende[6].
Le larron[7] commençait pourtant à s'ennuyer.
Il entend un Enfant crier :
La Mère aussitôt le gourmande[8],
Le menace, s'il ne se tait,
De le donner au Loup. L'animal se tient prêt,
Remerciant les Dieux d'une telle aventure,
Quand la Mère, apaisant sa chère géniture[9],
Lui dit : « Ne criez point ; s'il vient, nous le tuerons.
– Qu'est ceci ? s'écria le mangeur de Moutons.

Vocabulaire

1. *Ce Loup :* référence au Loup de la fable qui précède celle-ci dans le livre IV.
2. *Périt :* mourut.
3. *Messer :* Maître.
4. *Chape-chute :* une bonne aubaine.
5. *Veaux de lait :* veaux qui tètent encore leur mère.
6. *Provende :* provisions.
7. *Larron :* voleur.
8. *Gourmande :* gronde.
9. *Géniture :* enfant.

Dire d'un, puis d'un autre[1] ? Est-ce ainsi que l'on traite
Les gens faits comme moi ? me prend-on pour un sot ?
Que quelque jour ce beau marmot[2]
Vienne au bois cueillir la noisette ! »
Comme il disait ces mots, on sort de la maison :
Un Chien de cour l'arrête ; épieux[3] et fourches-fières[4]
L'ajustent[5] de toutes manières.
« Que veniez-vous chercher en ce lieu ? » lui dit-on.
Aussitôt il conta l'affaire.
« Merci de moi, lui dit la Mère ;
Tu mangeras mon fils ! L'ai-je fait à dessein[6]
Qu'il assouvisse[7] un jour ta faim ? »
On assomma la pauvre bête.
Un manant[8] lui coupa le pied droit et la tête :
Le seigneur du village à sa porte les mit ;
Et ce dicton picard[9] à l'entour[10] fut écrit :

« Biaux chires Leups, n'écoutez mie
Mère tenchent chen fieux qui crie. »[11]

Vocabulaire et traduction

1. *Dire d'un, puis d'un autre :* dire une chose, puis l'autre.
2. *Marmot :* enfant.
3. *Épieux :* piques.
4. *Fourches-fières :* fourches en fer.
5. *L'ajustent :* l'entourent.
6. *À dessein :* dans le but.
7. *Assouvisse :* satisfasse.
8. *Manant :* villageois.
9. *Picard :* de la région de Picardie.
10. *À l'entour :* autour.
11. *« Biaux chires Leups, n'écoutez mie / Mère tenchent chen fieux qui crie. » :* « Beaux sires Loups, n'écoutez point / Mère tançant son fils qui crie. » (tançant : grondant).

L'Avare qui a perdu son Trésor

L'usage[1] seulement fait la possession.
Je demande à ces gens de qui la passion
Est d'entasser toujours, mettre somme sur somme,
Quel avantage ils ont que n'ait pas un autre homme.
Diogène[2] là-bas est aussi riche qu'eux,
Et l'Avare ici-haut comme lui vit en gueux[3].
L'homme au trésor caché qu'Ésope[4] nous propose,
Servira d'exemple à la chose.
Ce Malheureux attendait,
Pour jouir[5] de son bien, une seconde vie ;
Ne possédait pas l'or, mais l'or le possédait.
Il avait dans la terre une somme enfouie,
Son cœur avec, n'ayant autre déduit[6]
Que d'y ruminer[7] jour et nuit,
Et rendre sa chevance[8] à lui-même sacrée.
Qu'il allât ou qu'il vînt, qu'il bût ou qu'il mangeât,
On l'eût pris de bien court, à moins qu'il ne songeât
À l'endroit où gisait cette somme enterrée.

Vocabulaire et noms propres

1. *Usage :* utilisation, habitude.
2. *Diogène :* philosophe grec qui vantait la pauvreté absolue et vivait dans un tonneau.
3. *Gueux :* pauvre.
4. *Ésope :* fabuliste de l'Antiquité grecque, dont plusieurs fables inspirèrent Jean de La Fontaine.
5. *Jouir :* profiter.
6. *Déduit :* plaisir.
7. *Ruminer :* ne penser qu'à cela.
8. *Chevance :* capital, fortune.

Il y fit tant de tours qu'un fossoyeur[1] le vit,
Se douta du dépôt, l'enleva sans rien dire.
Notre Avare un beau jour ne trouva que le nid[2].
Voilà mon homme aux pleurs ; il gémit, il soupire.
Il se tourmente, il se déchire.
Un passant lui demande à quel sujet ses cris.
« C'est mon Trésor que l'on m'a pris.
– Votre trésor ? où pris ? – Tout joignant[3] cette pierre.
– Eh ! sommes-nous en temps de guerre,
Pour l'apporter si loin ? N'eussiez-vous pas mieux fait
De le laisser chez vous en votre cabinet[4],
Que de le changer de demeure ?
Vous auriez pu sans peine y puiser à toute heure.
– À toute heure, bons Dieux ! ne tient-il qu'à cela ?
L'argent vient-il comme il s'en va ?
Je n'y touchais jamais. – Dites-moi donc, de grâce,
Reprit l'autre, pourquoi vous vous affligez[5] tant,
Puisque vous ne touchiez jamais à cet argent :
Mettez une pierre à la place,
Elle vous vaudra tout autant. »

Vocabulaire

1. *Fossoyeur :* à cette époque, celui qui creuse les fossés.
2. *Nid :* trou.
3. *Tout joignant :* tout près.
4. *Cabinet :* dans une maison, endroit dans lequel on gardait en général ce qui avait de la valeur.
5. *Affligez :* attristez.

Le Pot de terre et le Pot de fer

Le Pot de fer proposa
Au Pot de terre un voyage.
Celui-ci s'en excusa[1],
Disant qu'il ferait que sage[2]
De garder le coin du feu :
Car il lui fallait si peu,
Si peu, que la moindre chose
De son débris[3] serait cause :
Il n'en reviendrait morceau.
« Pour vous, dit-il, dont la peau
Est plus dure que la mienne,
Je ne vois rien qui vous tienne.
– Nous vous mettrons à couvert[4],
Repartit le Pot de fer :
Si quelque matière dure
Vous menace d'aventure,
Entre deux je passerai,
Et du coup vous sauverai. »
Cette offre le persuade.
Pot de fer son camarade
Se met droit à ses côtés.

Vocabulaire

1. *S'en excusa :* refusa en s'excusant.
2. *Il ferait que sage :* il serait plus sage.
3. *Son débris :* sa destruction.
4. *Mettrons à couvert :* protégerons.

Mes gens s'en vont à trois pieds,
Clopin-clopant[1] comme ils peuvent,
L'un contre l'autre jetés
Au moindre hoquet[2] qu'ils treuvent[3].
Le Pot de terre en souffre ; il n'eut pas fait cent pas
Que par son compagnon il fut mis en éclats,
Sans qu'il eût lieu de se plaindre.
Ne nous associons qu'avecque[4] nos égaux,
Ou bien il nous faudra craindre
Le destin d'un de ces Pots.

Vocabulaire
1. *Clopin-clopant :* en boitant.
2. *Au moindre hoquet :* à la moindre secousse.
3. *Treuvent :* trouvent.
4. *Avecque :* avec.

Le petit Poisson et le Pêcheur

Petit poisson deviendra grand,
Pourvu que Dieu lui prête[1] vie ;
Mais le lâcher en attendant,
Je tiens pour moi que c'est folie :
Car de le rattraper il n'est pas trop certain.
Un Carpeau[2], qui n'était encore que fretin[3],
Fut pris par un pêcheur au bord d'une rivière.
« Tout fait nombre, dit l'homme en voyant son butin :
Voilà commencement de chère[4] et de festin :
Mettons-le en notre gibecière[5]. »
Le pauvre Carpillon[6] lui dit en sa manière[7] :
« Que ferez-vous de moi ? je ne saurais fournir
Au plus qu'une demi-bouchée.
Laissez-moi carpe devenir :
Je serai par vous repêchée ;
Quelque gros partisan[8] m'achètera bien cher :
Au lieu qu'il vous en faut chercher
Peut-être encore cent de ma taille

Vocabulaire

1. *Prête :* accorde.
2. *Carpeau :* petite carpe.
3. *Fretin :* sans valeur.
4. *Chère :* repas.
5. *Gibecière :* sac dans lequel on mettait son gibier ou son repas.
6. *Carpillon :* petite carpe.
7. *En sa manière :* à sa façon.
8. *Partisan :* financier qui relève les impôts.

Pour faire un plat : quel plat ? croyez-moi, rien qui vaille.
– Rien qui vaille ? Eh bien ! soit, repartit le Pêcheur :
Poisson, mon bel ami, qui faites le prêcheur[1],
Vous irez dans la poêle ; et vous avez beau dire,
Dès ce soir on vous fera frire. »
Un Tiens vaut, ce dit-on, mieux que deux Tu l'auras :
L'un est sûr, l'autre ne l'est pas.

Vocabulaire
1. *Prêcheur :* ici, celui qui donne des leçons.

Le Laboureur et ses Enfants

Travaillez, prenez de la peine :
C'est le fonds[1] qui manque le moins.
Un riche Laboureur[2], sentant sa mort prochaine,
Fit venir ses Enfants, leur parla sans témoins.
« Gardez-vous, leur dit-il, de vendre l'héritage
Que nous ont laissé nos parents :
Un trésor est caché dedans.
Je ne sais pas l'endroit ; mais un peu de courage
Vous le fera trouver : vous en viendrez à bout.
Remuez votre champ dès qu'on aura fait l'oût[3] :
Creusez, fouillez, bêchez[4] ; ne laissez nulle place
Où la main ne passe et repasse. »
Le Père mort, les Fils vous retournent le champ,
Deçà, delà, partout : si bien qu'au bout de l'an
Il en rapporta davantage.
D'argent, point de caché. Mais le Père fut sage
De leur montrer, avant sa mort,
Que le travail est un trésor.

Vocabulaire

1. *Fonds :* le sol d'un terrain.
2. *Laboureur :* propriétaire de terres agricoles.
3. *Dès qu'on aura fait l'oût :* dès que le mois d'août sera passé.
4. *Bêchez :* retournez la terre avec une bêche.

La Poule aux œufs d'or

L'Avarice[1] perd tout en voulant tout gagner.
Je ne veux, pour le témoigner,
Que celui dont la Poule, à ce que dit la fable,
Pondait tous les jours un œuf d'or.
Il crut que dans son corps elle avait un trésor :
Il la tua, l'ouvrit, et la trouva semblable
À celles dont les œufs ne lui rapportaient rien,
S'étant lui-même ôté le plus beau de son bien.
Belle leçon pour les gens chiches[2] !
Pendant ces derniers temps[3], combien en a-t-on vus
Qui du soir au matin sont pauvres devenus,
Pour vouloir trop tôt être riches !

Vocabulaire

1. *Avarice :* désir excessif d'amasser de l'argent.
2. *Chiches :* qui dépensent très peu.
3. *Pendant ces derniers temps :* dernièrement.

Le Lion et le Chasseur

Un fanfaron[1], amateur de la chasse,
Venant de perdre un Chien de bonne race,
Qu'il soupçonnait dans le corps d'un Lion,
Vit un berger : « Enseigne-moi, de grâce,
De mon voleur, lui dit-il, la maison,
Que de ce pas je me fasse raison[2]. »
Le Berger dit : « C'est vers cette montagne.
En lui payant de tribut[3] un Mouton
Par chaque mois, j'erre dans la campagne
Comme il me plaît, et je suis en repos. »
Dans le moment qu'ils tenaient ces propos,
Le Lion sort, et vient d'un pas agile.
Le fanfaron aussitôt d'esquiver[4] :
« O Jupiter, montre-moi quelque asile,
S'écria-t-il, qui me puisse sauver ! »

La vraie épreuve de courage
N'est que dans le danger que l'on touche du doigt :
Tel le cherchait, dit-il, qui, changeant de langage,
S'enfuit aussitôt qu'il le voit.

Vocabulaire
1. *Fanfaron :* personne qui se vante.
2. *Je me fasse raison :* je me venge.
3. *Tribut :* somme donnée à un seigneur.
4. *Esquiver :* éviter adroitement.

Le Lièvre et la Tortue

Rien ne sert de courir ; il faut partir à point[1] :
Le Lièvre et la Tortue en sont un témoignage[2].
« Gageons[3], dit celle-ci, que vous n'atteindrez point
Sitôt que moi ce but. – Sitôt ? Êtes-vous sage ?
Repartit l'animal léger :
Ma commère[4], il vous faut purger
Avec quatre grains[5] d'ellébore[6].
– Sage ou non, je parie encore. »
Ainsi fut fait ; et de tous deux
On mit près du but les enjeux :
Savoir quoi, ce n'est pas l'affaire,
Ni de quel juge l'on convint[7].
Notre Lièvre n'avait que quatre pas à faire,
J'entends de ceux qu'il fait lorsque, prêt d'être[8] atteint,
Il s'éloigne des Chiens, les renvoie aux calendes[9],
Et leur fait arpenter les landes.
Ayant, dis-je, du temps de reste pour brouter,
Pour dormir, et pour écouter

Vocabulaire

1. *À point :* au bon moment.
2. *Témoignage :* preuve.
3. *Gageons :* parions.
4. *Commère :* terme d'amitié entre personnes qui se connaissent bien.
5. *Grains :* plus petite unité de mesure utilisée en médecine.
6. *Ellébore :* plante qui était utilisée pour soigner la folie.
7. *Convint :* décida.
8. *Prêt d'être :* sur le point d'être.
9. *Calendes :* date du calendrier romain. L'expression « Renvoyer aux calendes » signifie fixer un rendez-vous qui n'aura pas lieu.

D'où vient le vent, il laisse la Tortue
Aller son train de Sénateur.
Elle part, elle s'évertue[1],
Elle se hâte avec lenteur.
Lui cependant méprise une telle victoire,
Tient la gageure[2] à peu de gloire,
Croit qu'il y va de son honneur
De partir tard. Il broute, il se repose,
Il s'amuse à toute autre chose
Qu'à la gageure. À la fin, quand il vit
Que l'autre touchait presque au bout de la carrière,
Il partit comme un trait ; mais les élans qu'il fit
Furent vains[3] : la Tortue arriva la première.
« Eh bien ! lui cria-t-elle, avais-je pas raison ?
De quoi vous sert votre vitesse ?
Moi l'emporter ! et que serait-ce
Si vous portiez une maison ? »

Vocabulaire
1. *S'évertue :* fait des efforts.
2. *Gageure :* pari.
3. *Vains :* inutiles.

Le Chien qui lâche sa proie pour l'ombre

Chacun se trompe ici-bas :
On voit courir après l'ombre
Tant de fous, qu'on n'en sait pas
La plupart du temps le nombre.
Au Chien dont parle Ésope[1] il faut les renvoyer.

Ce Chien, voyant sa proie en l'eau représentée[2],
La quitta pour l'image, et pensa se noyer.
La rivière devint tout d'un coup agitée ;
À toute peine[3] il regagna les bords,
Et n'eut ni l'ombre ni le corps.

Vocabulaire et nom propre

1. *Ésope :* fabuliste de l'Antiquité grecque, dont plusieurs fables inspirèrent Jean de La Fontaine.

2. *Représentée :* ici, reflétée.

3. *À toute peine :* difficilement.

La Discorde

La déesse Discorde[1] ayant brouillé les Dieux,
Et fait un grand procès là-haut pour une pomme[2],
On la fit déloger[3] des Cieux.
Chez l'Animal qu'on appelle Homme
On la reçut à bras ouverts,
Elle et Que-si-Que-non[4], son frère,
Avecque[5] Tien-et-Mien[6], son père.
Elle nous fit l'honneur en ce bas univers
De préférer notre hémisphère
À celui des mortels qui nous sont opposés[7],
Gens grossiers[8], peu civilisés,
Et qui, se mariant sans prêtre et sans notaire,
De la Discorde n'ont que faire.
Pour la faire trouver aux lieux où le besoin
Demandait qu'elle fût présente,
La Renommée[9] avait le soin
De l'avertir ; et l'autre, diligente[10],
Courait vite aux débats et prévenait la Paix,

Vocabulaire et noms propres

1. *Discorde :* déesse responsable d'une guerre entre les dieux.
2. *Pomme :* il s'agit de la pomme d'or qui déclencha la guerre.
3. *Déloger :* chasser.
4. *Que-si-Que-non :* nom qui joue sur l'indécision.
5. *Avecque :* avec.
6. *Tien-et-Mien :* nom qui joue sur la composition de deux pronoms.
7. *Opposés :* qui vivent dans l'hémisphère Sud.
8. *Grossiers :* sans éducation.
9. *Renommée :* réputation.
10. *Diligente :* rapide.

Faisait d'une étincelle un feu long à s'éteindre.
La Renommée enfin commença de se plaindre
Que l'on ne lui trouvait jamais
De demeure fixe et certaine ;
Bien souvent l'on perdait, à la chercher, sa peine[1] :
Il fallait donc qu'elle eût un séjour[2] affecté[3],
Un séjour d'où l'on pût en toutes les familles
L'envoyer à jour arrêté.
Comme il n'était alors aucun couvent de filles,
On y trouva difficulté[4].
L'auberge enfin de l'Hyménée[5]
Lui fut pour maison assignée[6].

Vocabulaire et nom propre

1. *L'on perdait, à la chercher, sa peine :* on faisait des efforts inutiles.
2. *Séjour :* domicile.
3. *Affecté :* décidé ; définitif.
4. *Trouva difficulté :* ce fut difficile.
5. *Hyménée :* divinité qui présidait aux mariages.
6. *Assignée :* destinée.

Les Animaux malades de la Peste

Un mal qui répand la terreur,
Mal que le Ciel en sa fureur
Inventa pour punir les crimes de la terre,
La Peste (puisqu'il faut l'appeler par son nom)
Capable d'enrichir en un jour l'Achéron[1],
Faisait aux animaux la guerre.
Ils ne mouraient pas tous, mais tous étaient frappés :
On n'en voyait point d'occupés
À chercher le soutien d'une mourante vie ;
Nul mets[2] n'excitait leur envie ;
Ni Loups ni Renards n'épiaient[3]
La douce et l'innocente proie.
Les Tourterelles se fuyaient ;
Plus d'amour, partant[4] plus de joie.
Le Lion tint conseil, et dit : « Mes chers amis,
Je crois que le Ciel a permis
Pour nos péchés cette infortune[5] ;
Que le plus coupable de nous
Se sacrifie aux traits[6] du céleste courroux[7],

Vocabulaire et nom propre

1. *Achéron :* fleuve qui limite le royaume des Enfers. Ici, le fleuve désigne les Enfers.
2. *Mets :* plats.
3. *Épiaient :* surveillaient.
4. *Partant :* par conséquent.
5. *Infortune :* malheur.
6. *Traits :* flèches (tirées par un arc).
7. *Courroux :* colère.

Peut-être il obtiendra la guérison commune.
L'histoire nous apprend qu'en de tels accidents[1]
On fait de pareils dévouements[2] :
Ne nous flattons donc point ; voyons sans indulgence[3]
L'état de notre conscience.
Pour moi, satisfaisant mes appétits gloutons[4]
J'ai dévoré force[5] Moutons ;
Que m'avaient-ils fait ? Nulle offense :
Même il m'est arrivé quelquefois de manger
Le Berger.
Je me dévouerai[6] donc, s'il le faut ; mais je pense
Qu'il est bon que chacun s'accuse ainsi que moi
Car on doit souhaiter selon toute justice
Que le plus coupable périsse[7].
– Sire, dit le Renard, vous êtes trop bon Roi ;
Vos scrupules[8] font voir trop de délicatesse ;
Eh bien, manger moutons, canaille[9], sotte espèce,
Est-ce un péché ? Non, non. Vous leur fîtes, Seigneur
En les croquant beaucoup d'honneur.
Et quant au Berger, l'on peut dire

Vocabulaire

1. *Accidents :* situations.
2. *Dévouements :* sacrifices.
3. *Indulgence :* capacité à pardonner et à excuser des fautes.
4. *Gloutons :* gourmands à l'excès.
5. *Force :* beaucoup de.
6. *Dévouerai :* sacrifierai.
7. *Périsse :* meure.
8. *Scrupules :* poids sur la conscience.
9. *Canaille :* population défavorisée, sans biens.

Qu'il était digne de tous maux[1],
Étant de ces gens-là qui sur les animaux
Se font un chimérique empire[2]. »
Ainsi dit le Renard, et flatteurs d'applaudir.
On n'osa trop approfondir
Du Tigre, ni de l'Ours, ni des autres puissances
Les moins pardonnables offenses[3].
Tous les gens querelleurs[4], jusqu'aux simples Mâtins[5],
Au dire de chacun, étaient de petits saints.
L'Âne vint à son tour et dit : « J'ai souvenance[6]
Qu'en un pré de Moines passant,
La faim, l'occasion, l'herbe tendre, et je pense
Quelque diable aussi me poussant,
Je tondis de ce pré la largeur de ma langue.
Je n'en avais nul droit, puisqu'il faut parler net[7]. »
À ces mots on cria haro sur le Baudet[8].
Un Loup quelque peu clerc[9] prouva par sa harangue[10]
Qu'il fallait dévouer[11] ce maudit Animal,
Ce pelé[12], ce galeux[13], d'où venait tout leur mal.

Vocabulaire

1. *Maux :* pluriel de mal.
2. *Chimérique empire :* pouvoir qui n'est pas réel.
3. *Offenses :* injures.
4. *Querelleurs :* qui cherchent la bagarre, la querelle.
5. *Mâtins :* gros chiens.
6. *J'ai souvenance :* je me souviens.
7. *Net :* franchement.
8. *On cria haro sur le Baudet :* on désapprouva hautement les actes de l'âne.
9. *Clerc :* homme lettré, savant.
10. *Harangue :* discours (fait devant une assemblée).
11. *Dévouer :* ici, exposer à la sanction.
12. *Pelé :* dégarni de poils.
13. *Galeux :* atteint de la gale, maladie de la peau.

Sa peccadille[1] fut jugée un cas pendable[2].
Manger l'herbe d'autrui ! quel crime abominable !
Rien que la mort n'était capable
D'expier[3] son forfait[4] : on le lui fit bien voir.
Selon que[5] vous serez puissant ou misérable,
Les jugements de Cour vous rendront blanc[6] ou noir[7].

Vocabulaire

1. *Peccadille :* broutille, chose sans importance.
2. *Pendable :* digne de la pendaison.
3. *Expier :* réparer.
4. *Forfait :* crime.
5. *Selon que :* en fonction du fait que.
6. *Blanc :* innocent.
7. *Noir :* coupable.

Le Rat qui s'est retiré du monde

Les Levantins[1] en leur légende
Disent qu'un certain Rat, las[2] des soins[3] d'ici-bas,
Dans un fromage de Hollande
Se retira loin du tracas[4].
La solitude était profonde,
S'étendant partout à la ronde.
Notre ermite[5] nouveau subsistait[6] là-dedans.
Il fit tant[7] de pieds et de dents
Qu'en peu de jours il eut au fond de l'ermitage
Le vivre et le couvert[8] : que faut-il davantage ?
Il devint gros et gras ; Dieu prodigue[9] ses biens
À ceux qui font vœu d'être siens[10].
Un jour au dévot[11] personnage
Des députés du peuple rat
S'en vinrent demander quelque aumône[12] légère :
Ils allaient en terre étrangère

Vocabulaire

1. *Levantins :* habitants des pays du Soleil-Levant (Japon, Chine).
2. *Las :* lassé, fatigué.
3. *Soins :* ici, inquiétudes, soucis.
4. *Tracas :* ennuis.
5. *Ermite :* personne qui vit isolée, coupée du monde.
6. *Subsistait :* vivait.
7. *Fit tant :* sous-entendu, fit tant d'efforts.
8. *Le vivre et le couvert :* la nourriture et le logement.
9. *Prodigue :* distribue, donne.
10. *Ceux qui font vœu d'être siens :* ceux qui promettent d'être fidèles à Dieu.
11. *Dévot :* très respectueux des pratiques religieuses.
12. *Aumône :* ce que l'on donne aux pauvres, à ceux qui n'ont rien pour subvenir à leurs besoins.

Chercher quelque secours contre le peuple chat ;
Ratopolis[1] était bloquée :
On les avait contraints de partir sans argent,
Attendu l'état indigent[2]
De la République attaquée.
Ils demandaient fort peu, certains que le secours
Serait prêt dans quatre ou cinq jours.
Mes amis, dit le Solitaire,
Les choses d'ici-bas ne me regardent plus :
En quoi peut un pauvre reclus[3]
Vous assister[4] ? que peut-il faire,
Que de prier le Ciel qu'il vous aide en ceci ?
J'espère qu'il aura de vous quelque souci[5].
Ayant parlé de cette sorte,
Le nouveau Saint ferma sa porte.

Qui désignai-je, à votre avis,
Par ce Rat si peu secourable ?
Un Moine ? Non, mais un Dervis[6] :
Je suppose qu'un Moine est toujours charitable.

Vocabulaire et nom propre

1. *Ratopolis :* capitale du peuple rat.
2. *Indigent :* qui manque des produits essentiels pour vivre.
3. *Reclus :* quelqu'un qui vit enfermé.
4. *Assister :* ici, aider.
5. *Souci :* intérêt.
6. *Dervis :* derviche, membre d'un groupe religieux turc.

La Laitière et le Pot au lait

Perrette, sur sa tête ayant un Pot au lait
Bien posé sur un coussinet,
Prétendait arriver sans encombre[1] à la ville.
Légère et court vêtue elle allait à grands pas ;
Ayant mis ce jour-là pour être plus agile[2]
Cotillon[3] simple, et souliers plats.
Notre Laitière ainsi troussée[4]
Comptait déjà dans sa pensée[5]
Tout le prix de son lait, en employait l'argent,
Achetait un cent d'œufs, faisait triple couvée[6] ;
La chose allait à bien par son soin diligent[7].
« Il m'est, disait-elle, facile
D'élever des poulets autour de ma maison :
Le Renard sera bien habile,
S'il ne m'en laisse assez pour avoir un cochon.
Le porc à s'engraisser coûtera peu de son[8] ;
Il était quand je l'eus de grosseur raisonnable ;
J'aurai le revendant de l'argent bel et bon ;

Vocabulaire

1. *Sans encombre :* sans problème.
2. *Agile :* à l'aise.
3. *Cotillon :* jupon des paysannes.
4. *Troussée :* habillée.
5. *Dans sa pensée :* mentalement.
6. *Couvée :* les œufs couvés par une poule pour qu'ils éclosent ; les petits nés de ces œufs.
7. *Diligent :* attentif, appliqué.
8. *Son :* fragments d'enveloppe des grains d'une céréale, qui restent une fois que les grains ont été moulus.

Et qui m'empêchera de mettre en notre étable,
Vu le prix dont il est, une vache et son veau,
Que je verrai sauter au milieu du troupeau ? »
Perrette là-dessus saute aussi, transportée[1].
Le lait tombe ; adieu veau, vache, cochon, couvée ;
La Dame de ces biens, quittant d'un œil marri[2]
Sa fortune ainsi répandue,
Va s'excuser à son mari
En grand danger d'être battue.
Le récit en farce en fut fait[3] ;
On l'appela le *Pot au lait.*

Quel esprit ne bat la campagne[4] ?
Qui ne fait châteaux en Espagne[5] ?
Picrochole[6], Pyrrhus[7], la Laitière, enfin tous,
Autant les sages que les fous ?
Chacun songe[8] en veillant[9], il n'est rien de plus doux :
Une flatteuse[10] erreur emporte alors nos âmes :
Tout le bien du monde est à nous,

Vocabulaire, noms propres et expressions

1. *Transportée :* emportée par ses pensées heureuses.
2. *Marri :* triste.
3. *Le récit en farce en fut fait :* on fit de ce récit une farce.
4. *Bat la campagne :* rêve éveillé.
5. *Qui ne fait châteaux en Espagne ? :* qui n'élabore de plans improbables ?
6. *Picrochole :* personnage de Rabelais, toujours prêt à faire la guerre pour une raison ou pour une autre.
7. *Pyrrhus :* roi de l'Antiquité, qui entreprit de conquérir la Grèce, la Sicile, l'Italie... et qui se fit battre finalement.
8. *Songe :* rêve.
9. *En veillant :* tout en étant éveillé.
10. *Flatteuse :* trompeuse.

Tous les honneurs, toutes les femmes.
Quand je suis seul, je fais au plus brave un défi ;
Je m'écarte, je vais détrôner le Sophi[1] ;
On m'élit Roi, mon peuple m'aime ;
Les diadèmes[2] vont sur ma tête pleuvant :
Quelque accident fait-il que je rentre en moi-même
Je suis Gros-Jean comme devant[3].

Vocabulaire, nom propre et expressions

1. *Sophi :* roi de Perse.
2. *Diadèmes :* couronnes.
3. *Je suis Gros-Jean comme devant :* j'ai reçu une certaine fortune et l'ai ensuite perdue, retrouvant ainsi ma situation de départ.

Les deux Coqs

Deux Coqs vivaient en paix ; une Poule survint,
Et voilà la guerre allumée.
Amour, tu perdis Troie[1] ; et c'est de toi que vint
Cette querelle envenimée[2],
Où du sang des Dieux même on vit le Xanthe[3] teint.
Longtemps entre nos Coqs le combat se maintint.
Le bruit s'en répandit par tout[4] le voisinage.
La gent[5] qui porte crête au spectacle accourut.
Plus d'une Hélène[6] au beau plumage
Fut le prix du vainqueur ; le vaincu disparut.
Il alla se cacher au fond de sa retraite,
Pleura sa gloire et ses amours,
Ses amours qu'un rival tout fier de sa défaite
Possédait à ses yeux. Il voyait tous les jours
Cet objet rallumer sa haine et son courage.
Il aiguisait son bec, battait l'air et ses flancs,
Et s'exerçant contre les vents
S'armait d'une jalouse rage.

Vocabulaire et noms propres

1. *Troie :* ville qui connut le siège des Grecs pendant dix ans après que Pâris, prince de Troie, eut enlevé Hélène, femme du roi grec Ménélas. La ville fut détruite.
2. *Envenimée :* qui a empiré, comme sous l'effet d'un venin.
3. *Xanthe :* fleuve qui borde la ville de Troie.
4. *Par tout :* dans tout.
5. *Gent :* nation, race, espèce ; gent qui porte crête : ici, les autres coqs.
6. *Hélène :* femme du roi grec Ménélas.

Il n'en eut pas besoin. Son vainqueur sur les toits
S'alla percher, et chanter sa victoire.
Un Vautour entendit sa voix :
Adieu les amours et la gloire.
Tout cet orgueil périt sous l'ongle du Vautour.
Enfin, par un fatal[1] retour,
Son rival autour de la Poule
S'en revint faire le coquet[2] :
Je laisse à penser quel caquet[3],
Car il eut des femmes en foule.
La Fortune[4] se plaît à faire de ces coups ;
Tout vainqueur insolent[5] à sa perte[6] travaille.
Défions-nous[7] du sort, et prenons garde à nous,
Après le gain[8] d'une bataille.

Vocabulaire

1. *Fatal :* marqué par le destin.
2. *Coquet :* séduisant.
3. *Caquet :* désigne à la fois le cri d'une poule et un bavardage peu discret.
4. *Fortune :* chance.
5. *Insolent :* qui ne respecte pas les autres.
6. *À sa perte travaille :* construit son malheur.
7. *Défions-nous :* méfions-nous.
8. *Le gain :* la victoire.

Le Pouvoir des Fables

À Monsieur de Barillon[1]

La qualité d'Ambassadeur[2]
Peut-elle s'abaisser à des contes vulgaires[3] ?
Vous puis-je offrir mes vers et leurs grâces légères ?
S'ils osent quelquefois prendre un air de grandeur,
Seront-ils point traités par vous de téméraires[4] ?
Vous avez bien d'autres affaires
À démêler[5] que les débats[6]
Du Lapin et de la Belette :
Lisez-les, ne les lisez pas ;
Mais empêchez qu'on ne nous mette
Toute l'Europe sur les bras.
Que de mille endroits de la terre
Il nous vienne des ennemis,
J'y consens ; mais que l'Angleterre
Veuille que nos deux Rois se lassent d'être amis[7],

Vocabulaire et nom propre

1. *Monsieur de Barillon :* ambassadeur de France en Angleterre, à l'époque de l'écriture de la fable.
2. *Ambassadeur :* représentant d'une nation à l'étranger.
3. *Vulgaires :* peu élevés.
4. *Téméraires :* hardis jusqu'à en être imprudents.
5. *Démêler :* régler.
6. *Débats :* discussions.
7. Vers 10 à 15 : ces six vers font référence à la situation politique du moment. Monsieur de Barillon devait chercher le soutien du roi Charles II pour qu'il reste allié de la France, contrairement à ce que souhaitait l'opinion publique anglaise.

J'ai peine à digérer[1] la chose.
N'est-il point encore temps que Louis se repose ?
Quel autre Hercule[2] enfin ne se trouverait las
De combattre cette Hydre[3] ? et faut-il qu'elle oppose
Une nouvelle tête aux efforts de son bras ?
Si votre esprit plein de souplesse,
Par éloquence[4], et par adresse,
Peut adoucir les cœurs, et détourner ce coup,
Je vous sacrifierai cent Moutons ; c'est beaucoup
Pour un habitant du Parnasse[5].
Cependant faites-moi la grâce
De prendre en don ce peu d'encens.
Prenez en gré[6] mes vœux[7] ardents[8],
Et le récit en vers qu'ici je vous dédie.
Son sujet vous convient ; je n'en dirai pas plus :
Sur les éloges[9] que l'envie
Doit avouer qui vous sont dus,
Vous ne voulez pas qu'on appuie.

Vocabulaire et noms propres

1. *Digérer :* accepter.
2. *Hercule :* héros de l'Antiquité grecque qui dut effectuer douze travaux.
3. *Hydre :* vaincre l'Hydre de Lerne était un des travaux d'Hercule ; chaque tête coupée laissait place à une nouvelle tête (ou à deux nouvelles têtes selon les versions).
4. *Éloquence :* art du discours, de bien parler.
5. *Habitant du Parnasse :* poète.
6. *En gré :* avec plaisir.
7. *Vœux :* souhaits.
8. *Ardents :* très vifs.
9. *Éloges :* louanges, compliments.

Dans Athène autrefois peuple vain et léger,
Un Orateur voyant sa patrie en danger,
Courut à la Tribune ; et d'un art tyrannique[1],
Voulant forcer les cœurs dans une république,
Il parla fortement sur le commun salut[2].
On ne l'écoutait pas : l'Orateur recourut
    À ces figures[3] violentes
Qui savent exciter les âmes les plus lentes.
Il fit parler les morts, tonna[4], dit ce qu'il put.
Le vent emporta tout ; personne ne s'émut[5].
    L'animal[6] aux têtes frivoles[7],
Étant fait à ces traits[8], ne daignait l'écouter.
Tous regardaient ailleurs : il en vit s'arrêter
À des combats d'enfants, et point à ses paroles.
Que fit le harangueur[9] ? Il prit un autre tour.
Cérès, commença-t-il, faisait voyage un jour
    Avec l'Anguille et l'Hirondelle.
Un fleuve les arrête ; et l'Anguille en nageant,
    Comme l'Hirondelle en volant,
Le traversa bientôt. L'assemblée à l'instant

Vocabulaire

1. *Tyrannique :* violent.
2. *Commun salut :* le bien du peuple.
3. *Figures :* ici, rhétorique, figures de style.
4. *Tonna :* parla d'une voix aussi forte que le tonnerre.
5. *Ne s'émut :* n'eut d'émotions.
6. *L'animal :* ici, l'homme.
7. *Frivoles :* peu sérieuses.
8. *Traits :* remarques frappantes, fortes.
9. *Harangueur :* quelqu'un qui parle aux foules.

Cria tout d'une voix : Et Cérès[1], que fit-elle ?
– Ce qu'elle fit ? un prompt[2] courroux[3]
L'anima[4] d'abord contre vous.
Quoi, de contes d'enfants son peuple s'embarrasse[5]
Et du péril[6] qui le menace
Lui seul entre les Grecs il néglige[7] l'effet[8] !
Que ne demandez-vous ce que Philippe[9] fait ?
À ce reproche l'assemblée,
Par l'apologue[10] réveillée,
Se donne[11] entière à l'Orateur :
Un trait de fable en eut l'honneur.
Nous sommes tous d'Athène en ce point[12] ; et moi-même,
Au moment que[13] je fais cette moralité,
Si *Peau d'âne* m'était conté,
J'y prendrais un plaisir extrême,
Le monde est vieux, dit-on, je le crois, cependant
Il le faut amuser encore comme un enfant.

Vocabulaire et noms propres

1. *Cérès :* déesse des moissons.
2. *Prompt :* vif.
3. *Courroux :* colère.
4. *Anima :* excita.
5. *S'embarrasse :* s'occupe, s'intéresse.
6. *Péril :* danger.
7. *Néglige :* sous-estime.
8. *L'effet :* les conséquences.
9. *Philippe :* Philippe II, roi de Macédoine, père d'Alexandre le Grand. Il conquit de nombreuses cités grecques.
10. *Apologue :* fable.
11. *Donne :* consacre son attention.
12. *En ce point :* sur ce point.
13. *Au moment que :* au moment où.

L'Homme et la Puce

Par des vœux[1] importuns[2] nous fatiguons les dieux :
Souvent pour des sujets même indignes des hommes.
Il semble que le Ciel sur tous tant que nous sommes
Soit obligé d'avoir incessamment[3] les yeux,
Et que le plus petit de la race mortelle,
À chaque pas qu'il fait, à chaque bagatelle[4],
Doive intriguer[5] l'Olympe[6] et tous ses citoyens,
Comme s'il s'agissait des Grecs et des Troyens[7].
Un Sot par une Puce eut l'épaule mordue.
Dans les plis de ses draps elle alla se loger.
Hercule[8], ce dit-il, tu devais bien purger
La terre de cette Hydre[9] au printemps revenue.
Que fais-tu, Jupiter, que du haut de la nue[10]
Tu n'en perdes[11] la race afin de me venger ?
Pour tuer une Puce il voulait obliger
Ces Dieux à lui prêter leur foudre[12] et leur massue[13].

Vocabulaire et noms propres

1. *Vœux :* demandes.
2. *Importuns :* répétés et ennuyeux.
3. *Incessamment :* sans cesse.
4. *Bagatelle :* chose de peu de valeur, sans importance.
5. *Intriguer :* mêler.
6. *L'Olympe :* le mont où séjournaient les dieux grecs.
7. *Des Grecs et des Troyens :* peuples qui se livrèrent bataille pendant dix ans après le rapt d'Hélène, femme de Ménélas, par Pâris.
8. *Hercule :* héros de l'Antiquité grecque qui dut effectuer douze travaux.
9. *Hydre :* vaincre l'Hydre de Lerne était un des travaux d'Hercule ; chaque tête coupée laissait place à une nouvelle tête (ou à deux nouvelles têtes selon les versions).
10. *La nue :* les nuages.
11. *Perdes :* extermines.
12. *Foudre :* apanage de Jupiter.
13. *Massue :* apanage d'Hercule.

Le Rat et l'Éléphant

Se croire un personnage[1] est fort commun en France.
On y fait l'homme d'importance,
Et l'on n'est souvent qu'un bourgeois[2] :
C'est proprement le mal[3] françois.
La sotte vanité[4] nous est particulière[5].
Les Espagnols sont vains[6], mais d'une autre manière.
Leur orgueil me semble en un mot
Beaucoup plus fou, mais pas si sot.
Donnons quelque image du nôtre,
Qui sans doute en vaut bien un autre.
Un Rat des plus petits voyait un Éléphant
Des plus gros, et raillait[7] le marcher un peu lent
De la bête de haut parage[8],
Qui marchait à gros équipage.
Sur l'animal à triple étage
Une Sultane[9] de renom[10],
Son Chien, son Chat, et sa Guenon,
Son Perroquet, sa vieille[11], et toute sa maison,

Vocabulaire

1. *Personnage :* quelqu'un d'important.
2. *Bourgeois :* à l'époque, habitant d'une ville.
3. *Mal :* défaut.
4. *Vanité :* prétention.
5. *Particulière :* propre.
6. *Vains :* vantards, prétentieux.
7. *Raillait :* se moquait.
8. *Parage :* extraction, qualité.
9. *Sultane :* épouse de l'empereur des Turcs.
10. *De renom :* très connue.
11. *Vieille :* ici, gouvernante chargée de surveiller le comportement d'une jeune femme.

S'en allait en pèlerinage.
Le Rat s'étonnait que les gens
Fussent touchés de voir cette pesante masse :
Comme si d'occuper ou plus ou moins de place
Nous rendait, disait-il, plus ou moins importants.
Mais qu'admirez-vous tant en lui vous autres hommes ?
Serait-ce ce grand corps, qui fait peur aux enfants ?
Nous ne nous prisons[1] pas, tout petits que nous sommes,
D'un grain[2] moins que les Éléphants.
Il en aurait dit davantage ;
Mais le Chat sortant de sa cage
Lui fit voir en moins d'un instant
Qu'un Rat n'est pas un Éléphant.

Vocabulaire
1. *Prisons :* estimons.
2. *Grain :* plus petite unité de poids utilisée en pharmacie et en médecine.

L'Âne et le Chien

Il se faut entraider, c'est la loi de nature :
L'Âne un jour pourtant s'en moqua :
Et ne sais comme il y manqua[1] ;
Car il est bonne créature.
Il allait par pays accompagné du Chien,
Gravement, sans songer à rien,
Tous deux suivis d'un commun maître.
Ce maître s'endormit ; l'Âne se mit à paître[2] :
Il était alors dans un pré,
Dont l'herbe était fort à son gré[3].
Point de chardons pourtant ; il s'en passa pour l'heure :
Il ne faut pas toujours être si délicat ;
Et faute de servir ce plat
Rarement un festin demeure.
Notre Baudet[4] s'en sut enfin
Passer pour cette fois. Le Chien mourant de faim
Lui dit : Cher compagnon, baisse-toi, je te prie ;
Je prendrai mon dîné dans le panier au pain.
Point de réponse, mot ; le Roussin[5] d'Arcadie[6]

Vocabulaire et nom propre

1. *Il y manqua :* il ne le fit pas.
2. *Paître :* manger de l'herbe.
3. *Était fort à son gré :* lui plaisait beaucoup.
4. *Baudet :* âne.
5. *Roussin :* cheval robuste.
6. *Arcadie :* contrée de la Grèce où on élevait des ânes, désignés par l'expression Roussin d'Arcadie.

Craignit qu'en perdant un moment,
Il ne perdit un coup de dent.
Il fit longtemps la sourde oreille :
Enfin il répondit : Ami, je te conseille
D'attendre que ton maître ait fini son sommeil ;
Car il te donnera sans faute à son réveil,
Ta portion accoutumée[1].
Il ne saurait tarder beaucoup.
Sur ces entrefaites[2] un Loup
Sort du bois, et s'en vient ; autre bête affamée.
L'Âne appelle aussitôt le Chien à son secours.
Le Chien ne bouge, et dit : Ami, je te conseille
De fuir en attendant que ton maître s'éveille ;
Il ne saurait tarder ; détale vite, et cours.
Que si ce Loup t'atteint, casse-lui la mâchoire.
On t'a ferré de neuf[3] ; et si tu me veux croire,
Tu l'étendras tout plat. Pendant ce beau discours,
Seigneur Loup étrangla le Baudet sans remède.
Je conclus qu'il faut qu'on s'entraide.

Vocabulaire

1. *Accoutumée :* habituelle.

2. *Sur ces entrefaites :* à ce moment-là.

3. *Ferré de neuf :* mis de nouveaux fers.

Le Gland et la Citrouille

Dieu fait bien ce qu'il fait. Sans en chercher la preuve
En tout cet Univers, et l'aller parcourant,
Dans les Citrouilles je la treuve[1].
Un villageois, considérant[2]
Combien ce fruit est gros, et sa tige menue[3] :
À quoi songeait, dit-il, l'Auteur de tout cela ?
Il a bien mal placé cette Citrouille-là :
Hé parbleu[4], je l'aurais pendue
À l'un des chênes que voilà.
C'eût été justement[5] l'affaire ;
Tel fruit, tel arbre, pour bien faire.
C'est dommage, Garo[6], que tu n'es point entré
Au conseil de celui que prêche ton Curé ;
Tout en eût été mieux ; car pourquoi par exemple
Le Gland, qui n'est pas gros comme mon petit doigt,
Ne pend-il pas en cet endroit ?
Dieu s'est mépris[7] ; plus je contemple
Ces fruits ainsi placés, plus il semble à Garo

Vocabulaire et nom propre

1. *Treuve :* trouve.
2. *Considérant :* observant.
3. *Menue :* mince, fine.
4. *Parbleu :* juron.
5. *Justement :* correctement.
6. *Garo :* référence à Gareau, qui est un personnage du *Pédant joué* de Cyrano de Bergerac. C'est un paysan.
7. *Mépris :* trompé.

Que l'on a fait un quiproquo[1].
Cette réflexion embarrassant[2] notre homme :
On ne dort point, dit-il, quand on a tant d'esprit.
Sous un chêne aussitôt il va prendre son somme.
Un gland tombe ; le nez du dormeur en pâtit[3].
Il s'éveille ; et portant la main sur son visage,
Il trouve encore le Gland pris au poil du menton.
Son nez meurtri[4] le force à changer de langage ;
Oh, oh, dit-il, je saigne ! et que serait-ce donc
S'il fût tombé de l'arbre une masse plus lourde,
Et que ce gland eût été gourde[5] ?
Dieu ne l'a pas voulu : sans doute il eut raison ;
J'en vois bien à présent la cause.
En louant[6] Dieu de toute chose,
Garo retourne à la maison.

Vocabulaire

1. *Quiproquo :* méprise par laquelle on prend une personne ou une chose pour une autre.
2. *Embarrassant :* gênant.
3. *Pâtit :* souffre.
4. *Meurtri :* blessé et douloureux.
5. *Gourde :* ici, citrouille.
6. *Louant :* complimentant.

Le Milan et le Rossignol

Après que le Milan[1], manifeste[2] voleur,
Eut répandu l'alarme en tout le voisinage,
Et fait crier sur lui les enfants du village,
Un Rossignol tomba dans ses mains[3], par malheur.
Le héraut[4] du printemps lui demande la vie.
« Aussi bien, que manger en qui n'a que le son ?
Écoutez plutôt ma chanson ;
Je vous raconterai Térée[5] et son envie.
– Qui, Térée ? Est-ce un mets propre[6] pour les Milans ?
– Non pas, c'était un Roi dont les feux violents
Me firent ressentir leur ardeur criminelle :
Je m'en vais vous en dire une chanson si belle
Qu'elle vous ravira[7] : mon chant plaît à chacun. »
Le Milan alors lui réplique :
Vraiment, nous voici bien : lorsque je suis à jeun,
Tu me viens parler de musique.
J'en parle bien aux Rois. Quand un Roi te prendra,
Tu peux lui conter ces merveilles.

Vocabulaire et nom propre

1. *Milan :* oiseau de proie.
2. *Manifeste :* bien connu.
3. *Mains :* ici, serres.
4. *Héraut :* celui qui annonce.
5. *Térée :* marié à Procnè, il viola sa belle-sœur Philomèle, princesse d'Athènes, et lui coupa la langue. Mais Philomèle broda son malheur et sa sœur Procnè punit Térée. Philomèle et Procnée furent changées l'une en rossignol et l'autre en hirondelle.
6. *Propre :* qui convient.
7. *Ravira :* plaira beaucoup.

Pour un Milan, il s'en rira :
Ventre affamé n'a point d'oreilles.

Le Loup et les Bergers

Un Loup rempli d'humanité
(S'il en est de tels dans le monde)
Fit un jour sur sa cruauté,
Quoiqu'il ne l'exerçât que par nécessité,
Une réflexion profonde.
Je suis haï, dit-il ; et de qui ? de chacun.
Le Loup est l'ennemi commun[1] :
Chiens, chasseurs, villageois, s'assemblent pour sa perte[2].
Jupiter est là-haut étourdi de leurs cris ;
C'est par là que de Loups l'Angleterre est déserte :
On y mit notre tête à prix.
Il n'est hobereau[3] qui ne fasse
Contre nous tels bans[4] publier ;
Il n'est marmot[5] osant crier
Que du Loup aussitôt sa mère ne menace.
Le tout pour un Âne rogneux[6],
Pour un Mouton pourri[7], pour quelque Chien hargneux[8],
Dont j'aurai passé mon envie.
Eh bien ! ne mangeons plus de chose ayant eu vie :

Vocabulaire

1. *Commun :* de tous.
2. *Sa perte :* sa mort.
3. *Hobereau :* petit gentilhomme campagnard.
4. *Bans :* proclamation publique.
5. *Marmot :* jeune enfant.
6. *Rogneux :* galeux.
7. *Pourri :* fait référence à la maladie du mouton.
8. *Hargneux :* agressif.

Paissons l'herbe, broutons, mourons de faim plutôt.
Est-ce une chose si cruelle ?
Vaut-il mieux s'attirer la haine universelle ?
Disant ces mots il vit des Bergers pour leur rôt[1]
Mangeants un Agneau cuit en broche.
Oh, oh, dit-il, je me reproche
Le sang de cette gent[2]. Voilà ses Gardiens
S'en repaissant[3] eux et leurs Chiens ;
Et moi Loup j'en ferai scrupule[4] ?
Non, par tous les Dieux non ; je serais ridicule.
Thibaut l'Agnelet[5] passera,
Sans qu'à la broche je le mette ;
Et non seulement lui, mais la mère qu'il tette,
Et le père qui l'engendra[6].

Ce Loup avait raison. Est-il dit qu'on nous voie
Faire festin de toute proie,
Manger les animaux, et nous les réduirons
Aux mets[7] de l'âge d'or autant que nous pourrons ?
Ils n'auront ni croc[8] ni marmite ?

Vocabulaire et nom propre

1. *Rôt :* viande rôtie.
2. *Gent :* espèce.
3. *Repaissant :* nourrissant.
4. *Scrupule :* poids sur la conscience.
5. *Thibaut l'Agnelet :* personnage de *La Farce de Maître Pathelin*, berger qui se fait passer pour un mouton.
6. *L'engendra :* lui donna la vie.
7. *Mets :* plats.
8. *Croc :* crochet auquel on attache les quartiers de viande.

Bergers, bergers, le Loup n'a tort
Que quand il n'est pas le plus fort :
Voulez-vous qu'il vive en ermite[1] ?

Vocabulaire
1. *Ermite :* personne qui vit en solitaire, loin des autres hommes.

Le Chien à qui on a coupé les oreilles

« Qu'ai-je fait pour me voir ainsi
Mutilé[1] par mon propre maître ?
Le bel état où me voici !
Devant les autres Chiens oserai-je paraître ?
Ô rois des animaux, ou plutôt leurs tyrans[2],
Qui vous ferait choses pareilles ? »
Ainsi criait Mouflar[3], jeune dogue ; et les gens,
Peu touchés de ses cris douloureux et perçants,
Venaient de lui couper sans pitié les oreilles.
Mouflar y croyait perdre : il vit avec le temps
Qu'il y gagnait beaucoup ; car étant de nature
À piller[4] ses pareils, mainte[5] mésaventure
L'aurait fait retourner chez lui
Avec cette partie en cent lieux altérée[6] ;
Chien hargneux[7] a toujours l'oreille déchirée.

Le moins qu'on peut laisser de prise aux dents d'autrui
C'est le mieux. Quand on n'a qu'un endroit à défendre,
On le munit[8] de peur d'esclandre[9] :

Vocabulaire et nom propre

1. *Mutilé :* amputé d'une partie de son corps.
2. *Tyrans :* ici, personnes injustes et cruelles.
3. *Mouflar :* nom communément donné aux chiens.
4. *Piller :* dépouiller.
5. *Mainte :* de nombreuses.
6. *Altérée :* abîmée.
7. *Hargneux :* agressif et cherchant la bagarre.
8. *Munit :* fortifie.
9. *Esclandre :* accident fâcheux.

Témoin maître Mouflar armé d'un gorgerin[1],
Du reste ayant d'oreille autant que sur ma main ;
Un Loup n'eût su par où le prendre.

Vocabulaire
1. *Gorgerin :* protection pour la gorge.

La Lionne et l'Ourse

Mère Lionne avait perdu son fan[1].
Un chasseur l'avait pris. La pauvre infortunée[2]
Poussait un tel rugissement
Que toute la forêt était importunée[3].
La nuit ni son obscurité,
Son silence et ses autres charmes,
De la Reine des bois n'arrêtait les vacarmes.
Nul animal n'était du sommeil visité.
L'Ourse enfin lui dit : Ma commère[4],
Un mot sans plus ; tous les enfants
Qui sont passés entre vos dents
N'avaient-ils ni père ni mère ?
Ils en avaient. S'il est ainsi,
Et qu'aucun de leur mort n'ait nos têtes rompues[5],
Si tant de mères se sont tues,
Que ne vous taisez-vous aussi ?
Moi me taire ? moi malheureuse !
Ah j'ai perdu mon fils ! Il me faudra traîner
Une vieillesse douloureuse.

Vocabulaire

1. *Fan :* petit. Ici, lionceau.
2. *Infortunée :* malheureuse.
3. *Importunée :* gênée, ennuyée.
4. *Commère :* terme d'amitié entre personnes qui se connaissent bien.
5. *N'ait nos têtes rompues :* ne nous ait cassé les oreilles.

Dites-moi, qui vous force à vous y condamner ?
Hélas ! c'est le destin qui me hait. Ces paroles
Ont été de tout temps en la bouche de tous.

Misérables humains, ceci s'adresse à vous :
Je n'entends résonner que des plaintes frivoles[1].
Quiconque en pareil cas se croit haï des Cieux,
Qu'il considère[2] Hécube[3], il rendra grâce aux dieux.

Vocabulaire et nom propre

1. *Frivoles :* sans intérêt, sans importance.
2. *Considère :* pense.
3. *Hécube :* femme de Priam, reine de Troie, ayant perdu son mari et tous ses enfants, elle devint folle de douleur.

Le Lion

Sultan[1] Léopard autrefois
Eut, ce dit-on, par mainte[2] aubaine[3]
Force Bœufs dans ses prés, force[4] Cerfs dans ses bois,
Force Moutons parmi la plaine.
Il naquit un Lion dans la forêt prochaine[5].
Après les compliments et d'une et d'autre part,
Comme entre grands il se pratique[6],
Le Sultan fit venir son Vizir[7] le Renard,
Vieux routier[8], et bon politique.
Tu crains, ce lui dit-il, Lionceau mon voisin ;
Son père est mort, que peut-il faire ?
Plains plutôt le pauvre orphelin.
Il a chez lui plus d'une affaire,
Et devra beaucoup au destin
S'il garde ce qu'il a, sans tenter de conquête.
Le Renard dit, branlant[9] la tête :
Tels orphelins, Seigneur, ne me font point pitié :
Il faut de celui-ci conserver l'amitié,

Vocabulaire

1. *Sultan :* seigneur.
2. *Mainte :* de nombreuses.
3. *Aubaine :* chance.
4. *Force :* beaucoup de.
5. *Prochaine :* proche.
6. *Il se pratique :* il est d'usage.
7. *Vizir :* officier et conseiller du Sultan.
8. *Vieux routier :* quelqu'un qui a de l'expérience.
9. *Branlant :* inclinant la tête d'un côté et de l'autre.

Ou s'efforcer de le détruire,
Avant que la griffe et la dent
Lui soit crue, et qu'il soit en état de nous nuire.
N'y perdez pas un seul moment.
J'ai fait son horoscope : il croîtra[1] par la guerre.
Ce sera le meilleur Lion
Pour ses amis qui soit sur terre :
Tâchez[2] donc d'en être, sinon
Tâchez de l'affaiblir. La harangue[3] fut vaine[4].
Le Sultan dormait lors ; et dedans son domaine
Chacun dormait aussi, bêtes, gens : tant qu'enfin
Le Lionceau devient vrai Lion. Le tocsin[5]
Sonne aussitôt sur lui ; l'alarme se promène
De toutes parts ; et le Vizir,
Consulté là-dessus dit avec un soupir :
Pourquoi l'irritez[6]-vous ? La chose est sans remède.
En vain nous appelons mille gens à notre aide.
Plus ils sont, plus il coûte ; et je ne les tiens bons
Qu'à manger leur part des Moutons.
Apaisez le Lion : seul il passe en puissance
Ce monde d'alliés vivant sur notre bien.
Le Lion en a trois qui ne lui coûtent rien,

Vocabulaire

1. *Croîtra :* grandira.
2. *Tâchez :* essayez.
3. *Harangue :* discours.
4. *Vaine :* inutile.
5. *Tocsin :* cloche qui annonce une alarme, un danger.
6. *Irritez :* agacez.

Son courage, sa force, avec sa vigilance.
Jetez-lui promptement[1] sous la griffe un Mouton :
S'il n'en est pas content, jetez-en davantage.
Joignez-y quelque Bœuf : choisissez pour ce don
Tout le plus gras du pâturage.
Sauvez le reste ainsi. Ce conseil ne plut pas.
Il en prit[2] mal, et force États
Voisins du Sultan en pâtirent[3] :
Nul n'y gagna ; tous y perdirent.
Quoi que fît ce monde ennemi,
Celui qu'ils craignaient fut le maître.
Proposez-vous d'avoir le Lion pour ami,
Si vous voulez le laisser craître[4].

Vocabulaire

1. *Promptement :* rapidement et avec adresse.
2. *Il en prit :* il arriva.
3. *Pâtirent :* souffrirent.
4. *Craître :* croître, grandir, se développer.

Le Loup et le Renard (1)

Mais d'où vient qu'au Renard Ésope[1] accorde un point,
C'est d'exceller[2] en tours pleins de matoiserie[3] ?
J'en cherche la raison, et ne la trouve point.
Quand le Loup a besoin de défendre sa vie,
Ou d'attaquer celle d'autrui,
N'en sait-il pas autant que lui ?
Je crois qu'il en sait plus, et j'oserais peut-être
Avec quelque raison contredire[4] mon maître.
Voici pourtant un cas où tout l'honneur échut
À[5] l'hôte des terriers. Un soir il aperçut
La lune au fond d'un puits : l'orbiculaire[6] image
Lui parut un ample[7] fromage.
Deux seaux alternativement[8]
Puisaient le liquide élément.
Notre Renard, pressé par une faim canine[9],
S'accommode[10] en celui qu'au haut de la machine
L'autre seau tenait suspendu.
Voilà l'animal descendu,

Vocabulaire et nom propre

1. *Ésope :* fabuliste de l'Antiquité grecque, dont plusieurs fables inspirèrent Jean de La Fontaine.
2. *Exceller :* être excellent.
3. *Matoiserie :* tromperie.
4. *Contredire :* dire le contraire.
5. *Échut à :* ici, alla à.
6. *Orbiculaire :* ronde.
7. *Ample :* large.
8. *Alternativement :* l'un après l'autre.
9. *Canine :* propre aux chiens.
10. *S'accommode :* s'installe.

Tiré d'erreur[1] ; mais fort en peine[2],
Et voyant sa perte[3] prochaine.
Car comment remonter, si quelque autre affamé,
De la même image charmé,
Et succédant à sa misère,
Par le même chemin ne le tirait d'affaire ?
Deux jours s'étaient passés sans qu'aucun vînt au puits ;
Le temps qui toujours marche avait pendant deux nuits
Échancré[4] selon l'ordinaire
De l'astre au front d'argent la face circulaire.
Sire Renard était désespéré.
Compère Loup, le gosier[5] altéré[6],
Passe par là ; l'autre dit : Camarade,
Je veux vous régaler ; voyez-vous cet objet ?
C'est un fromage exquis. Le Dieu Faune[7] l'a fait,
La vache Io[8] donna le lait.
Jupiter, s'il était malade,
Reprendrait l'appétit en tâtant[9] d'un tel mets.
J'en ai mangé cette échancrure,
Le reste vous sera suffisante pâture[10].

Vocabulaire et noms propres

1. *Tiré d'erreur :* détrompé.
2. *Fort en peine :* en mauvaise situation.
3. *Perte :* mort.
4. *Échancré :* creusé.
5. *Gosier :* gorge.
6. *Altéré :* assoiffé.
7. *Le Dieu Faune :* dieu de la forêt.
8. *Io :* Io était aimée de Jupiter, mais poursuivie par Junon jalouse. Jupiter, pour la protéger la transforma donc en génisse.
9. *Tâtant :* goûtant.
10. *Pâture :* nourriture.

Descendez dans un seau que j'ai là mis exprès.
Bien qu'au moins mal qu'il pût il ajustât[1] l'histoire,
Le Loup fut un sot de le croire :
Il descend, et son poids, emportant l'autre part,
Reguinde en haut[2] maître Renard.
Ne nous en moquons point : nous nous laissons séduire
Sur aussi peu de fondement[3] ;
Et chacun croit fort aisément
Ce qu'il craint et ce qu'il désire.

Vocabulaire

1. *Ajustât :* arrangeât.

2. *Reguinde en haut :* élève vers le haut.

3. *Fondement :* base solide.

Le Chat et les deux Moineaux

À Monseigneur le duc de Bourgogne

Un Chat, contemporain[1] d'un fort jeune Moineau,
Fut logé près de lui dès l'âge du berceau.
La Cage et le Panier avaient mêmes Pénates[2].
Le Chat était souvent agacé par l'Oiseau :
L'un s'escrimait[3] du bec, l'autre jouait des pattes.
Ce dernier toutefois épargnait son ami.
Ne le corrigeant qu'à demi
Il se fût fait un grand scrupule
D'armer de pointes sa férule[4].
Le Passereau moins circonspec[5],
Lui donnait force coups de bec ;
En sage et discrète[6] personne,
Maître Chat excusait ces jeux :
Entre amis, il ne faut jamais qu'on s'abandonne
Aux traits[7] d'un courroux[8] sérieux.
Comme ils se connaissaient tous deux dès leur bas âge,

Vocabulaire

1. *Contemporain :* né à la même époque.
2. *Pénates :* demeure.
3. *S'escrimait :* luttait.
4. *Férule :* petite palette de bois qui servait souvent à frapper les élèves. Ici, le mot désigne la patte du chat.
5. *Circonspec :* circonspect, attentif.
6. *Discrète :* sage.
7. *Traits :* flèches (tirées par un arc), ici, coups.
8. *Courroux :* colère.

Une longue habitude en paix les maintenait ;
Jamais en vrai combat le jeu ne se tournait ;
Quand un Moineau du voisinage
S'en vint les visiter, et se fit compagnon
Du pétulant[1] Pierrot[2] et du sage Raton[3].
Entre les deux Oiseaux il arriva querelle[4] ;
Et Raton de prendre parti[5].
Cet inconnu, dit-il, nous la vient donner belle[6]
D'insulter ainsi notre ami ;
Le Moineau du voisin viendra manger[7] le nôtre ?
Non, de par tous les Chats. Entrant lors au combat
Il croque l'étranger : Vraiment, dit maître Chat,
Les Moineaux ont un goût exquis et délicat.
Cette réflexion fit aussi croquer l'autre.
Quelle morale puis-je inférer[8] de ce fait ?
Sans cela toute fable est un œuvre[9] imparfait.
J'en crois voir quelques traits ; mais leur ombre m'abuse[10],
Prince, vous les aurez incontinent[11] trouvés :

Vocabulaire et noms propres

1. *Pétulant :* vif.
2. *Pierrot :* moineau.
3. *Raton :* il s'agit bien du Chat.
4. *Querelle :* dispute.
5. *Prendre parti :* se mettre du côté d'un des oiseaux.
6. *Donner belle :* donner une bonne occasion.
7. *Manger :* se quereller violemment avec.
8. *Inférer :* tirer comme conséquence.
9. *Œuvre :* ouvrage.
10. *M'abuse :* me trompe.
11. *Incontinent :* immédiatement.

Ce sont des jeux pour vous, et non point pour ma Muse[1] ;
Elle et ses sœurs[2] n'ont pas l'esprit que vous avez.

Vocabulaire et nom propre

1. *Muse :* divinité qui inspire le poète pour l'aider à écrire.

Ses sœurs : les Muses étaient neuf sœurs.

Le Cerf malade

En pays pleins de Cerfs un Cerf tomba malade.
Incontinent[1] maint[2] Camarade
Accourt à son grabat[3] le voir, le secourir,
Le consoler du moins ; multitude importune[4].
Eh ! Messieurs, laissez-moi mourir.
Permettez qu'en forme commune
La Parque[5] m'expédie, et finissez vos pleurs.
Point du tout : les Consolateurs
De ce triste devoir tout au long s'acquittèrent[6] ;
Quand il plut à Dieu s'en allèrent.
Ce ne fut pas sans boire un coup,
C'est-à-dire sans prendre un droit de pâturage[7].
Tout se mit à brouter les bois du voisinage.
La pitance[8] du Cerf en déchut[9] de beaucoup
Il ne trouva plus rien à frire.
D'un mal il tomba dans un pire
Et se vit réduit[10] à la fin
À jeûner[11] et mourir de faim.

Vocabulaire et nom propre

1. *Incontinent :* immédiatement.
2. *Maint :* plusieurs.
3. *Grabat :* couche, lit.
4. *Multitude importune :* foule gênante.
5. *Parque :* divinité qui tient la vie de chacun sous forme d'un fil qu'elle coupe quand elle le souhaite.
6. *S'acquittèrent :* le firent comme un devoir.
7. *Droit de pâturage :* droit de prendre une partie des biens du Cerf.
8. *Pitance :* nourriture.
9. *Déchut :* diminua.
10. *Réduit :* contraint.
11. *Jeûner :* ne pas manger.

Il en coûte à qui vous réclame,
Médecins du corps et de l'âme.
Ô temps, ô mœurs[1] ! J'ai beau crier
Tout le monde se fait payer.

Vocabulaire
1. *Mœurs :* habitudes et coutumes d'une population.

Le Loup et le Renard (2)

D'où vient que personne en la vie
N'est satisfait de son état[1] ?
Tel voudrait bien être soldat
À qui le soldat porte envie.

Certain Renard voulut, dit-on,
Se faire Loup. Hé qui peut dire
Que pour le métier[2] de Mouton
Jamais aucun Loup ne soupire[3] ?

Ce qui m'étonne est qu'à huit ans
Un Prince en fable ait mis la chose,
Pendant que sous mes cheveux blancs
Je fabrique à force[4] de temps
Des vers moins sensés[5] que sa prose.

Les traits[6] dans sa fable semés
Ne sont en l'ouvrage du poète
Ni tous, ni si bien exprimés.
Sa louange[7] en est plus complète.

Vocabulaire

1. *État :* situation.
2. *Métier :* condition, situation.
3. *Soupire :* envie.
4. *À force de :* par beaucoup de.
5. *Sensés :* pleins de bon sens.
6. *Traits :* flèches (tirées par un arc). Ici, remarques pleines d'esprit.
7. *Louange :* compliment.

De la chanter sur la musette[1]
C'est mon talent ; mais je m'attends
Que mon Héros, dans peu de temps
Me fera prendre la trompette.

Je ne suis pas un grand prophète[2],
Cependant je lis dans les cieux
Que bientôt ses faits glorieux
Demanderont plusieurs Homères[3] ;
Et ce temps-ci n'en produit guères.
Laissant à part tous ces mystères,
Essayons de conter la fable avec succès.

Le Renard dit au Loup : Notre cher, pour tous mets[4]
J'ai souvent un vieux Coq, ou de maigres Poulets ;
C'est une viande qui me lasse[5].
Tu fais meilleure chère[6] avec moins de hasard.
J'approche des maisons, tu te tiens à l'écart.
Apprends-moi ton métier, Camarade, de grâce :
Rends-moi le premier de ma race
Qui fournisse son croc[7] de quelque Mouton gras,

Vocabulaire et nom propre

1. *Musette :* ancienne cornemuse.
2. *Prophète :* celui qui prédit l'avenir.
3. *Homères :* Homère, poète grec qui écrivit *L'Iliade* et l'*Odyssée*.
4. *Mets :* ici, repas.
5. *Me lasse :* ne me plaît plus.
6. *Meilleure chère :* meilleur repas.
7. *Croc :* crochet où l'on pendait les gros quartiers de viande.

Tu ne me mettras point au nombre des ingrats[1].
Je le veux, dit le Loup : il m'est mort un mien frère[2] ;
Allons prendre sa peau, tu t'en revêtiras[3].
Il vint, et le Loup dit : Voici comme il faut faire,
Si tu veux écarter les Mâtins[4] du Troupeau.
  Le Renard, ayant mis la peau,
Répétait les leçons que lui donnait son maître.
D'abord il s'y prit mal, puis un peu mieux, puis bien,
  Puis enfin il n'y manqua rien.
À peine il fut instruit autant qu'il pouvait l'être,
Qu'un Troupeau s'approcha. Le nouveau Loup y court
Et répand la terreur dans les lieux d'alentour[5].
  Tel vêtu des armes d'Achille[6]
Patrocle[7] mit l'alarme au camp et dans la ville.
Mères, brus[8] et vieillards au temple couraient tous.
L'ost[9] au Peuple bêlant crut voir cinquante Loups.
Chien, Berger et Troupeau, tout fuit vers le village,
Et laisse seulement une Brebis[10] pour gage[11].
Le larron[12] s'en saisit. À quelque pas de là,

Vocabulaire et noms propres

1. *Ingrats :* individus sans reconnaissance.
2. *Un mien frère :* un de mes frères.
3. *T'en revêtiras :* t'en habilleras.
4. *Mâtins :* chiens.
5. *D'alentour :* des environs.
6. *Achille :* personnage de *L'Iliade*, d'Homère.
7. *Patrocle :* dans *L'Iliade*, Patrocle, proche d'Achille, combat avec les armes de ce dernier et sous son identité ; dans le combat, il est tué par Hector.
8. *Brus :* belles-filles.
9. *Ost :* armée.
10. *Brebis :* femelle du bélier.
11. *Gage :* sorte de garantie.
12. *Larron :* voleur.

Il entendit chanter un Coq du voisinage.
Le Disciple aussitôt droit au Coq s'en alla,
Jetant bas sa robe de classe,
Oubliant les Brebis, les leçons, le Régent[1],
Et courant d'un pas diligent[2].

Que[3] sert-il qu'on se contrefasse[4] ?
Prétendre ainsi changer est une illusion :
L'on reprend sa première trace[5]
À la première occasion.

De votre esprit, que nul autre n'égale
Prince, ma Muse[6] tient tout entier ce projet.
Vous m'avez donné le sujet
Le dialogue, et la morale.

Vocabulaire et nom propre

1. *Régent :* professeur.
2. *Diligent :* rapide.
3. *Que :* à quoi.
4. *Contrefasse :* déguise.
5. *Trace :* ici, apparence.
6. *Muse :* divinité qui inspire le poète.

Un Fou et un Sage

Certain Fou poursuivait à coups de pierre un Sage.
Le Sage se retourne et lui dit : Mon ami,
C'est fort bien fait à toi ; reçois cet écu[1]-ci :
Tu fatigues assez pour gagner davantage.
Toute peine, dit-on, est digne de loyer[2].
Vois cet homme qui passe ; il a de quoi payer :
Adresse-lui tes dons, ils auront leur salaire.
Amorcé[3] par le gain[4], notre Fou s'en va faire
Même insulte à l'autre Bourgeois.
On ne le paya pas en argent cette fois.
Maint[5] Estafier[6] accourt ; on vous happe[7] notre homme,
On vous l'échine[8], on vous l'assomme.

Auprès des Rois il est de pareil Fous.
À vos dépens[9] ils font rire le Maître.
Pour réprimer[10] leur babil[11], irez-vous
Les maltraiter ? Vous n'êtes pas peut-être
Assez puissant. Il faut les engager[12]
À s'adresser à qui peut se venger.

Vocabulaire

1. *Écu :* pièce d'argent.
2. *Loyer :* salaire.
3. *Amorcé :* attiré.
4. *Gain :* ce qui est à gagner.
5. *Maint :* de nombreux.
6. *Estafier :* domestique armé.
7. *Happe :* attrape.
8. *On vous l'échine :* on vous le frappe.
9. *À vos dépens :* sur votre dos.
10. *Réprimer :* faire cesser.
11. *Babil :* bavardage.
12. *Engager :* inviter, pousser.

Le loup

Le Loup et le Chien (p. 11) ; *Le Loup et l'Agneau* (p. 16), *Le Loup, la Mère et l'Enfant* (p. 35) ; *Le Loup et les Bergers* (p. 75) ; *Le Loup et le Renard (1)* (p. 85) ; *Le Loup et le Renard (2)* (p. 93).

LECTURE

Lecture d'ensemble

1. Dans ces fables, quelles sont les victimes du Loup ? Le Loup est-il lui aussi, parfois, une victime ? Dans quelle fable ?

2. Quelle image et quelle impression ces différentes fables donnent-elles du Loup au lecteur ? Quelle est la part des caractéristiques animales et des caractéristiques humaines ?

3. Quelle est la fable qui correspond le plus à l'image que le Loup a, aujourd'hui encore, selon vous ? Justifiez votre réponse.

Lecture linéaire

4. P. 11, v. 9-10 : quel est l'intérêt du rapprochement des deux adverbes ?

5. P. 16, v. 1-2 : à quoi ces deux lignes servent-elles ? Rapprochez-les de ce que l'on trouve dans une autre des fables de cette séance.

6. P. 75-76, v. 1 à 22 : repérez le discours direct ; comment le Loup se désigne-t-il ?
Quelle évolution remarquez-vous et quel est son intérêt ?

7. P. 85-87 : quelle caractéristique principale est donnée au Loup par La Fontaine ? Est-ce un comportement habituel du Loup selon l'auteur ?

Lecture d'image (Gravure reproduite ci-après)

8. Quelles caractéristiques remarquez-vous, qui font de ce Loup un animal très particulier ? Pourquoi ces détails sont-ils mis en valeur, selon vous ? Repérez la place qui est donnée aux éléments humains.

Figure du Monstre qui désole le Gévaudan, gravure sur cuivre, 1765.

Étude de la langue

Grammaire

9. P. 11, v. 4 : quelle est la fonction des adjectifs qualificatifs « gras » et « poli » ? Quel est l'intérêt de leur position dans le vers ?

10. P. 35, v. 1 : quelle est la nature du premier mot de cette fable ? Justifiez son emploi.

Orthographe

11. P. 11, v. 9-10 : expliquez la construction des adverbes « hardiment » et « humblement ». Trouvez, dans la fable *Le Loup et le Renard* (p. 85), d'autres adverbes en « -ment » ; suivent-ils la même règle ?

12. P. 75, v. 6 : à quoi sert le tréma sur le i de « haï » ? Expliquez son influence sur la prononciation du mot.

Vocabulaire

13. P. 93, v. 13 : quelle est la différence entre le mot « sensés », utilisé ici, et le mot « censés » ?

NOTIONS LITTÉRAIRES
La fable

La fable est un genre littéraire qui se rapproche, par sa forme, de la **poésie** (car elle est en général écrite en vers) et qui a pour mission de divertir tout en faisant réfléchir sur le comportement, les qualités et les défauts des hommes. C'est une des formes de l'**apologue**, c'est-à-dire un texte qui a pour but de transmettre un enseignement.

Le plus souvent, elle comporte deux **personnages** principaux qui s'affrontent ou s'associent ; cela explique la très grande fréquence des **dialogues**. Lorsque les personnages s'affrontent, l'un des deux représente la puissance quand l'autre symbolise plutôt la faiblesse ; il arrive fréquemment que les rôles s'inversent brusquement. Ce renversement de situation veut toujours donner une leçon.

Elle se termine, en général, par quelques mots qui donnent une « **morale** » (on trouve également le terme « moralité ») ; c'est une leçon, un conseil que le lecteur doit garder en tête.

La fable est un genre littéraire qui n'est plus beaucoup utilisé aujourd'hui, même si on le retrouve chez quelques auteurs contemporains. Ils ont en général suivi l'exemple de Jean de La Fontaine et ont repris les anciennes fables pour en proposer une réécriture moderne.

EXPRESSION

Expression écrite

14. En vous appuyant sur la question 6, transformez le discours du Loup en commençant par « Le Loup se dit alors qu'il était haï… ».

15. P. 17 : à la fin de la fable *Le Loup et l'Agneau*, on lit que le Loup mange l'Agneau « sans autre forme de procès ». Imaginez qu'il y ait un procès entre le Loup et l'Agneau ; chaque avocat devra trouver deux arguments pour défendre son « client ».

Expression orale

16. Préparez un exposé sur la bête du Gévaudan.

17. P. 11 : à deux, apprenez la fable *Le Loup et le Chien* ; l'un apprendra le rôle du Chien et l'autre apprendra celui du narrateur et du Loup ; vous réciterez ensuite cette fable en classe.

PATRIMOINE

18. Dans la fable *Le Loup et le Renard* (p. 93), il est question d'un jeune prince. Il s'agit du jeune duc de Bourgogne, qui était alors élève de Fénelon. Faites des recherches sur ce dernier et relevez quelques éléments biographiques importants.

Méthode — *Comment repérer les caractéristiques d'une fable*

→ Les personnages principaux des fables sont souvent des **animaux** qui se comportent comme des hommes. Par exemple, le Loup a **des qualités et des défauts**, comme tous les êtres humains.

→ Le texte est le plus souvent écrit en **vers**, mais reste très vivant grâce à des **dialogues**.

→ L'auteur a pour objectif de **donner un enseignement** ou bien de **dénoncer** certains comportements humains. Dans ses *Fables*, Jean de La Fontaine prône la liberté et condamne l'hypocrisie et la lâcheté. On trouve cette leçon, en général, dans la **morale** de la fable, qui se situe le plus souvent à la fin (*Le Loup et le Renard*), mais parfois aussi dans les premières lignes (*Le Loup et l'Agneau*).

→ Le texte garde toujours néanmoins une mission de **divertissement** et fait sourire.

Les hommes dans les *Fables*

L'Ivrogne et sa Femme (p. 25) ; *Le Berger et la Mer* (p. 30) ;
L'Avare qui a perdu son Trésor (p. 37) ;
Le petit Poisson et le Pêcheur (p. 41) ;
Le Laboureur et ses Enfants (p. 43) ;
La Poule aux œufs d'or (p. 44) ; *La Discorde* (p. 49) ;
La Laitière et le Pot au lait (p. 57) ; *Le Pouvoir des Fables* (p. 62) ;
L'Homme et la Puce (p. 66) ; *Le Gland et la Citrouille* (p. 71) ;
Un Fou et un Sage (p. 97).

LECTURE

Lecture d'ensemble

1. Quel portrait de l'homme en général La Fontaine fait-il par l'ïntermédiaire de ses personnages ?
S'agit-il plutôt d'un portrait louangeur (qui en dit du bien) ou au contraire péjoratif ?

2. Dans les fables étudiées dans cette séance, plusieurs vers sont des dictons ou des proverbes ; relevez ces vers.

3. En vous appuyant en partie sur la question 9, reprenez les enseignements les plus importants que Jean de La Fontaine nous transmet dans ces fables.

Lecture linéaire

4. P. 25 : qu'est-ce qui, dans la fable, prouve que les deux premières lignes sont vraies ?
Quel est le ton utilisé par La Fontaine pour faire cette démonstration ?

5. P. 44 : la fable *La Poule aux œufs d'or* est très célèbre et a donné lieu à une expression souvent employée, « tuer la poule aux œufs d'or ». En vous appuyant sur cette fable, expliquez ce que signifie cette expression.

6. P. 57, v. 8 à 10 : quelle impression crée l'utilisation de tous ces verbes à l'imparfait de l'indicatif ?

Lecture d'image

7. Montrez comment madame de La Sablière est mise en valeur sur ce portrait.

Comment le mouvement est-il représenté ?

Quelle impression cela crée-t-il sur l'observateur ?

Mignard (1612-1695), *Madame de La Sablière.*

Étude de la langue

Grammaire

8. P. 30, v. 2 : quel est le sujet du verbe « se contenta » ? Que pouvez-vous dire de cette construction ?

9. P. 43 : quel est le mode utilisé pour les verbes que l'on trouve dans le premier vers de cette fable ? Quelle est sa valeur ?

10. P. 44, v. 7 : que désigne le pronom « celles » ? Répondez en donnant un groupe nominal clair.

Orthographe

11. P. 41, v. 13 : expliquez pourquoi « demi » n'est pas écrit avec un « e » à la fin.

12. P. 66, v. 8 : expliquez pourquoi les noms communs « Grecs » et « Troyens » prennent une majuscule.

Vocabulaire

13. P. 25, v. 6 : cherchez l'origine du mot « altérait ».

14. P. 37, v. 11 : sur quelle polysémie (plusieurs sens) du verbe « posséder » l'auteur joue-t-il ?

15. P. 72, v. 32 : donnez tous les sens du verbe « louer » que vous connaissez.

EXPRESSION

Expression écrite

16. P. 25 : après avoir lu *L'Ivrogne et sa Femme*, écrivez une morale pour cette fable.

17. P. 41-42, v. 12 à 19 : récrivez ce passage en prose, dans un style qui soit actuel et moderne, tout en respectant un niveau de langue soutenu ou correct.

Expression orale

18. Préparez un exposé sur Jean de La Fontaine.

19. Après avoir répondu à la question de la rubrique *Patrimoine*, présentez vos recherches sous la forme d'un exposé.

HISTOIRE DES ARTS
Les salons et la littérature

Les salons littéraires étaient des lieux privés, situés en général dans la demeure de femmes appartenant à la noblesse, et dans lesquels se réunissaient des hommes et des femmes (de lettres le plus souvent) pour avoir des **conversations intellectuelles et mondaines**, sur la culture et la société du moment.

Ces salons ont permis à de nombreux auteurs de se faire connaître et reconnaître du milieu culturel de leur époque. Ces réunions sont nombreuses au XVIIe siècle et cela dure jusqu'au XIXe siècle. Au XXe siècle, les auteurs commencent à sortir dans des lieux publics pour tenir ces réunions. Le développement des médias et des émissions culturelles a presque fait disparaître ces réunions. Les salons les plus célèbres sont, entre autres, ceux de Catherine de Rambouillet, de Madeleine de Scudéry (XVIIe siècle), du Baron d'Holbach (au XVIIIe siècle), de Charles Nodier (XIXe siècle).

PATRIMOINE

20. Cherchez des informations biographiques sur Mme de La Sablière. Quelles étaient ses relations avec Jean de La Fontaine ?

Méthode — *Comment analyser un document iconographique*

➜ Dressez d'abord la « carte d'identité » du document en donnant son **auteur**, le **titre**, le **support**, le **matériau** utilisé, le **lieu** où il est conservé ou bien l'édition, la **publication**… Tous ces renseignements sont importants et nécessaires à l'analyse de l'œuvre.

➜ Repérez la « **structure** » du document : les couleurs, la taille, la position des personnages… et n'oubliez pas de mentionner s'il se compose d'une ou plusieurs parties. Il peut en effet s'agir d'une peinture, mais également d'une planche de bande dessinée. Dans ce cas, le vocabulaire à utiliser ne sera pas le même pour tous les documents.

➜ L'analyse doit montrer ce que l'artiste a voulu mettre en valeur et comment il a procédé. Elle doit également faire ressortir le **message explicite** du document ainsi que son **message implicite**.

➜ Éventuellement, rapprochez le document de son **contexte** historique ou social.

Les animaux en société

La Génisse, la Chèvre et la Brebis en société avec le Lion (p. 14) ;
Les deux Taureaux et une Grenouille (p. 18) ;
Les Grenouilles qui demandent un Roi (p. 23) ;
Les Animaux malades de la Peste (p. 51) ;
Le Rat qui s'est retiré du monde (p. 55) ; *Le Lion* (p. 82) ;
Le Chat et les deux Moineaux (p. 88) ; *Le Cerf malade* (p. 91).

LECTURE

Lecture d'ensemble

1. Comment se passent les relations des animaux en société ?

2. Quels sont les points communs que l'on peut relever entre ces sociétés animales et les sociétés humaines ?

3. Relevez la fable qui vous a le plus intéressé dans ce groupement et expliquez pourquoi. Vous devrez justifier clairement votre point de vue.

Lecture linéaire

4. P. 14, v. 11-13 : que pensez-vous de l'argumentation du Lion ? Sur quelle idée s'appuie-t-il ? Est-ce valable, selon vous ?

5. P. 18, v. 6-14 : qu'est-ce qui prouve, dans le discours de la Grenouille, qu'elle est assurée de ce qu'elle dit ?

6. P. 51 à 54 : relevez, dans cette fable, tous les termes qui évoquent la notion de justice.
Que pensez-vous de la façon dont celle-ci est présentée au lecteur ?
Montrez comment les mots perdent leur sens dans le contexte proposé.

7. P. 89, v. 31 : l'auteur répond-il à la question qu'il pose ? Comment ? Que pensez-vous de la morale de cette fable ?

8. P. 91, v. 3-4 : quelle figure trouve-t-on, apparemment, dans ces vers ? Que pouvez-vous dire de la façon dont elle est construite sur ces deux vers ?

J.-B. Oudry (1686-1755),
Les Animaux malades de la Peste.

Imam Bakhsh (XIXe siècle),
Les Animaux malades de la Peste,
miniature de l'illustration conservée
au musée Jean-de-La-Fontaine.

Lecture d'images

9. En vous appuyant sur les conseils donnés dans la partie *Méthode* de la séance 2, présentez ces illustrations. Quels sont les animaux visibles ? Quelle est leur disposition ? Comment se tiennent-ils ?

10. Quelles sont les caractéristiques de la fable concernée qui sont les mieux mises en valeur dans chaque illustration ?

11. Montrez comment les deux artistes ont su mettre le Lion en valeur, bien qu'ils n'aient pas utilisé le même procédé. Sur quelle caractéristique de la fable J.-B. Oudry insiste-t-il le plus ? Est-ce la même que celle mise en valeur par Imam Bakhsh ?

Étude de la langue

Grammaire

12. P. 18, v. 14 : quel est le sujet du verbe de ce vers ? Que pouvez-vous dire de ce sujet ? Qu'y a-t-il d'intéressant dans la tournure de ce vers ?

13. P. 23, v. 3 : quel est le sujet du verbe « firent » ? Que pouvez-vous dire de sa position par rapport au verbe auquel il se rapporte ?

14. P. 54, v. 63 : qui est désigné par le pronom « vous » ? Donnez une explication suffisamment développée pour être claire.

Orthographe/Conjugaison

15. P. 24, v. 35 : quels sont le mode et le temps de « fût » ? Expliquez leur emploi.

16. P. 83, v. 21 : d'où vient le mot « crue » ? Quelle est sa nature ?

Vocabulaire

17. P. 23, v. 7-8 : le sens du mot « gent » vous est donné en note. Après avoir lu cette note, cherchez l'origine de ce mot.

NOTIONS LITTÉRAIRES
Dénoncer en littérature

Le verbe « dénoncer » désigne le plus communément l'idée de **faire connaître publiquement** une situation ou un fait qu'on réprouve ; mais il peut également signifier « faire connaître ». La littérature a un rôle dans ces deux cas, car elle transmet un savoir et est également un moyen de dire ce qu'on pense d'une situation que l'on voudrait voir changer.

Cela existe depuis l'Antiquité : Homère, dans l'*Iliade* et l'*Odyssée*, montre à ses compatriotes un contexte historique réel – la guerre de Troie – et Ésope utilise les animaux pour dire ce qu'il pense de l'homme.

Longtemps, à cause de la **censure**, les auteurs se sont dissimulés derrière des **procédés littéraires** : la personnification des animaux, le burlesque, etc. Au XIXe siècle, la dénonciation devient plus féroce, et les auteurs utilisent leur talent comme un outil permettant de dire ouvertement ce qui les révolte. Au XXe siècle, les auteurs sont plus libres ; c'est alors que naît la **littérature « engagée »**, ainsi appelée car l'auteur s'engage et dit publiquement son opinion, ce qu'il veut voir changer. Cette littérature a été très importante en période de guerre.

EXPRESSION

Expression écrite

18. P. 53, v. 56, « Un Loup quelque peu clerc prouva par sa harangue » : écrivez la harangue du Loup, par laquelle il va faire condamner l'Âne. Aidez-vous des éléments qui vous sont donnés dans les vers qui suivent.

19. P. 88 à 90 : écrivez votre propre morale pour *Le Chat et les deux Moineaux*, en restant cohérent avec le sens de cette fable. Cette morale devra faire au moins quatre lignes. Essayez de l'écrire en vers.

Expression orale

20. Faites un exposé sur un tableau qui représente une scène avec des animaux. Vous êtes libre de présenter le document iconographique de votre choix tant qu'il respecte cette seule contrainte.

PATRIMOINE

21. Cherchez une fable de La Fontaine très connue dont le titre parle d'une grenouille ; cette fable n'est pas citée dans notre recueil. Sur quel défaut insiste-t-elle ?

Méthode — *Comment repérer un jugement dans un texte*

➜ On utilise le terme « **modalisation** » pour désigner un jugement dans un texte. Les modalisateurs sont des mots, ou bien des techniques d'écriture qui indiquent le jugement que l'auteur porte sur ce qu'il dit. Il peut, par exemple, faire part de **sentiments**, comme le doute ou au contraire la certitude. Dans ce cas, il utilisera des adverbes, des verbes tels que « peut-être », « certainement », « sans aucun doute », « il est certain ». Ce type de vocabulaire permet au lecteur de comprendre la position que prend l'auteur (comme p. 56, v. 35 : « Je suppose qu'un Moine… »).

➜ Il arrive que l'opinion de l'auteur soit plus clairement évoquée et qu'il dise vraiment qu'il est d'accord avec une idée ou bien qu'il s'y oppose. Ainsi, p. 18, v. 15, on peut lire : « Cette crainte était de bon sens », ce qui nous montre que l'auteur est d'accord avec la Grenouille.

Séance 4

Ésope et La Fontaine

Fables inspirées par Ésope :
La Cigale et la Fourmi (p. 8) ; *Le Corbeau et le Renard* (p. 10) ; *Le Corbeau voulant imiter l'Aigle* (p. 21) ; *Le Renard et les Raisins* (p. 27) ; *La Belette entrée dans un grenier* (p. 28) ; *Le Singe et le Dauphin* (p. 32) ; *Le Pot de terre et le Pot de fer* (p. 39) ; *Le Lièvre et la Tortue* (p. 46) ; *Le Chien qui lâche sa proie pour l'ombre* (p. 48) ; *Les deux Coqs* (p. 60) ; *Le Milan et le Rossignol* (p. 73).

LECTURE

Lecture d'ensemble

1. Jean de La Fontaine montre dans plusieurs fables que la vantardise et l'orgueil démesuré sont le signe d'une grande bêtise et peuvent avoir des conséquences importantes. Relevez les deux fables de cette séance qui sont, selon vous, les plus révélatrices de cette vérité. Vous expliquerez clairement les raisons de votre choix.

2. Dans cette séance, vous découvrez ce qu'est la « personnification » (cf. partie *Méthode*). Qu'apporte ce procédé aux fables, d'une manière générale ?

Lecture linéaire

3. P. 10 : comment pouvez-vous expliquer le choix du Corbeau dans cette fable ?

4. P. 27 : expliquez le dernier vers de cette fable en développant la morale qu'il implique.

5. P. 28, v. 9 : quelle est la figure de style utilisée ? Cochez la bonne réponse et expliquez votre choix.

❑ Répétition ❑ Accumulation ❑ Comparaison

6. P. 48 : comment Jean de La Fontaine met-il en valeur le « héros » de cette fable ?

7. P. 60 et 73 : après avoir bien lu la partie *Méthode* de cette séance, dégagez deux périphrases que vous expliquerez.

Lecture d'image

8. Cette image représente Ésope ; que pouvez-vous dire de la disposition des différents éléments qui la composent ? Que repérez-vous autour du personnage ? Qu'est-ce qui est mis en valeur dans cette image, selon vous ?

9. Observez la gravure du Corbeau et du Renard présente sur le rabat et expliquez comment l'artiste, par l'attitude qu'il donne au Renard, représente bien ce qui se passe dans la fable, alors qu'on ne voit pas l'animal de face.

Ésope, gravure sur bois, *in Fables d'Ésope* imprimées par Anton Sorg, Augsburg, 1479.

HISTOIRE DES ARTS

Aux origines des fables

Les fables existent depuis l'Antiquité. En Grèce, le fabuliste le plus célèbre était Ésope, dont la vie est presque légendaire (certains doutent même de son existence). À Rome, c'est le nom de Phèdre qui est resté le plus célèbre ; ce dernier prit d'ailleurs souvent les *Fables* d'Ésope comme modèles.

Le genre est ensuite tombé un peu dans l'oubli et La Fontaine l'a relancé. Il s'est inspiré de ces fabulistes de l'Antiquité, mais également d'auteurs très célèbres et reconnus comme Fénelon.

Étude de la langue

Grammaire

10. P. 8, v. 10, « quelque grain » : quelle est la classe grammaticale de « quelque » ? Remplacez ce mot par un synonyme.

11. P. 60, v. 7-8 : quel lien y a-t-il entre ces deux propositions indépendantes ? Reliez-les dans une même phrase.

Orthographe/Conjugaison

12. P. 39, v. 17-18 : à quel temps sont conjugués les deux verbes qui finissent ces vers ? Pourquoi a-t-on utilisé ce temps ?

Vocabulaire

13. P. 40, v. 23 : donnez un synonyme de l'expression « clopin-clopant ». Précisez la nature de ce synonyme.

14. P. 73, v. 13 : le sens du verbe « ravir » vous est donné en note. Trouvez un autre sens que ce verbe peut avoir dans d'autres circonstances et utilisez-le dans une phrase.

PATRIMOINE

15. La couverture de ce recueil est une gravure de Jean-Baptiste Oudry. Cherchez des informations biographiques sur cet artiste complétant ce qui est écrit sur le rabat.

EXPRESSION

Expression écrite

16. P. 27, v. 8 : après avoir répondu à la question 4, écrivez la tirade qu'aurait pu prononcer le Renard s'il s'était plaint.

Expression orale

17. Faites des recherches, puis présentez à vos camarades un exposé sur Ésope.

Méthode ***Comment reconnaître deux procédés rhétoriques fréquents dans les* Fables**

→ **La périphrase** consiste à désigner une personne, un objet ou un lieu, par une expression ou un groupe nominal. Pour comprendre et trouver cette figure, il faut repérer les caractéristiques qui permettent de savoir de qui ou de quoi il est question. En effet, c'est un substitut lexical qui évite les répétitions. Le référent est donc bien connu du lecteur, qui doit associer l'attribut à la personne ou la chose. C'est ce que l'on trouve page 21, v. 1 « l'oiseau de Jupiter » reprend « l'Aigle » et v. 13 « l'animal bêlant » désigne « le mouton » ainsi que « la moutonnière créature » à la ligne suivante.

→ **La personnification** est le procédé par lequel on attribue des caractéristiques et des traits humains à des animaux ou des objets. Pour repérer cette figure, le lecteur commence par déterminer clairement qui sont les héros ou personnages du texte. Il faut ensuite définir leur « statut », leur fiche d'identité. Quand ce ne sont pas des humains, il faut alors s'attacher à repérer l'attitude qui leur est donnée. Si elle ressemble au comportement des hommes (paroles, sentiments, attitudes, etc.), alors il s'agit d'une personnification. C'est le cas de la plus grande partie des « personnages » des *Fables*.

Puissants et faibles

Le Lion et le Rat (p. 20) ; *Le Lion et le Chasseur* (p. 45) ;
Le Rat et l'Éléphant (p. 67) ; *L'Âne et le Chien* (p. 69) ;
Le Chien à qui on a coupé les oreilles (p. 78) ;
La Lionne et l'Ourse (p. 80).

LECTURE

Lecture d'ensemble

1. Complétez le tableau suivant avec les personnages puissants et les personnages faibles de ces six fables.

Personnages puissants	Personnages faibles

Complétez ensuite ce second tableau, en y classant ceux qui font preuve de réflexion et ceux qui ne réfléchissent pas.

Personnages qui réfléchissent	Personnages qui ne réfléchissent pas

Comparez enfin les deux tableaux.

2. Parmi les fables choisies pour cette séance, on en trouve deux qui mettent en valeur l'importance de la complémentarité entre les faibles et les puissants. Relevez ces fables et dites si vous en approuvez la morale.

3. Dans ces fables, montrez que les différents personnages qui se croient au-dessus des autres sont en réalité très seuls.

Lecture linéaire

4. P. 20, v. 10-11 : à qui s'adresse la question « Quelqu'un aurait-il jamais cru/Qu'un Lion d'un Rat eût affaire » ?
Quelle est la réponse attendue ? Quelle est la particularité de cette interrogation ?

5. P. 45, v. 11 : remplacez « Dans le moment qu'ils tenaient » par une autre tournure qui serait plus naturellement utilisée aujourd'hui.

6. P. 67-68 : relevez dans cette fable les différents mots ou expressions qui insistent sur la taille importante de l'Éléphant. Selon vous, pourquoi Jean de La Fontaine insiste-t-il autant sur la différence de taille entre ces deux animaux ?

7. P. 69-70 : dites de quels types de vers il s'agit. Qu'apporte l'alternance des vers dans cette fable, selon vous ?

Lecture d'image

8. La gravure de Gustave Doré veut souligner la relation entre le puissant et le faible. Comment l'artiste s'y est-il pris pour mettre en valeur la différence de puissance des deux personnages ? Montrez les qualités de cette illustration et expliquez en quoi elle est fidèle à la fable concernée.

Gustave Doré (1832-1883), *Le Lion et le Rat, gravure.*

Étude de la langue

Grammaire

9. P. 20, v. 5-6 : quelles sont les circonstances utilisées dans ces deux lignes ? Relevez-les et analysez-les. Pourquoi la phrase commence-t-elle avec un complément circonstanciel ? Quel effet cela a-t-il sur le lecteur ?

10. P. 80, v. 1-2 : quel est le lien entre les deux premières propositions indépendantes de cette fable ?

Orthographe/Conjugaison

11. P. 45, v. 4 : en vous appuyant sur la terminaison, donnez le temps et le mode du verbe « enseigne ». Quelle valeur peut-on donner à cet emploi dans cette phrase ?

NOTIONS LITTÉRAIRES
La versification

La versification est un procédé poétique essentiel. Dans la littérature classique, il consiste à écrire en **vers**, avec des **rimes** et parfois des **strophes** particulières. Le vers le plus utilisé est l'alexandrin, qui compte douze syllabes, mais il est fréquent de trouver dans les *Fables* des vers de dix syllabes (décasyllabes) ou de huit syllabes (octosyllabes). Les rimes sont de trois types : **embrassées** (ABBA), **croisées** (ABAB) et **plates** ou suivies (AABB). Elles ne sont pas très variées dans les *Fables* car l'auteur utilise essentiellement les rimes plates, même s'il varie les schémas dans une même fable. Enfin, les strophes ne sont guère utilisées dans les *Fables*, car la fable forme un tout, une narration. Toutefois, la morale est en général séparée du reste de la fable par un saut de ligne qui permet de bien la distinguer du reste. Cette morale est adressée à tous les lecteurs.

Vocabulaire

12. P. 68, v. 26 : cherchez les différents sens du verbe « priser ».
13. P. 80, v. 1 : le mot « fan » désigne ici le petit de la lionne. Ce mot est en général utilisé pour désigner le petit d'une autre femelle ; laquelle ? Quelle est l'orthographe usuelle de ce mot ?

EXPRESSION

Expression écrite

14. Écrivez quelques lignes, en vers ou en prose, pour inviter un(e) de vos ami(e)s, qui ne les connaît pas, à lire les *Fables*. Vous devrez essayer de mettre en valeur les qualités de cette littérature en insistant sur ce que sa lecture peut apporter à votre ami(e).
15. Écrivez, en prose, une autre fable dans laquelle le Lion dévore le Rat et se retrouve ensuite prisonnier du filet sans pouvoir en être libéré. Vous donnerez une morale à votre texte.

Expression orale

16. Dans plusieurs fables, il est question de Jupiter. Préparez une présentation de ce dieu (n'oubliez pas de le rapprocher de son équivalent grec). Présentez ses caractéristiques les plus importantes et ses attributs.

17. P. 78 : dans une discussion avec vos camarades, vous direz si vous êtes d'accord avec la morale de la fable *Le Chien à qui on a coupé les oreilles.* Vous commencerez par la reformuler, puis vous donnerez votre avis sur l'idée que cette morale véhicule.

PATRIMOINE

18. Gustave Doré est un illustrateur très connu. Il a illustré d'autres ouvrages très célèbres. Faites quelques recherches sur lui et sur ses illustrations.

Méthode *Comment étudier un texte poétique (1)*

→ Il est nécessaire de repérer le **schéma des rimes** : rimes plates (AABB), rimes croisées (ABAB) et rimes embrassées (ABBA). Souvent, l'utilisation et la diversification de ces schémas ont pour objectif de mettre en valeur un passage du texte. Dans les *Fables*, l'auteur utilise essentiellement les rimes plates par souci de commodité : les textes étant souvent assez longs, la rime est plus facile à repérer quand elle est suivie.

→ Il faut alors repérer les différents **groupes de vers** en fonction des rimes et observer quelle progression ils suivent.

Par exemple, on peut remarquer dans *L'Âne et le Chien* qu'il y a dans un premier temps des rimes embrassées (« nature », « moqua », « manqua », « créature »), puis des rimes plates (« Chien », « rien », « maître », « paître », « pré », « gré »), puis de nouveau des rimes embrassées. Entre les vers 16 et 19, on trouve des rimes croisées (« faim », « prie », « pain », « Arcadie »). Les quatre premiers vers sont mis en valeur par leurs rimes embrassées et attirent l'attention du lecteur car ils forment un tout, une sorte d'introduction à la fable et à la narration qui suit.

→ La **rime** attire l'attention, car elle insiste sur le mot qui la porte. Il faut donc être attentif aux mots qui sont ainsi mis en valeur. Observez par exemple les derniers mots des vers de la fable citée ci-dessus et vous verrez qu'ils sont essentiels à la bonne compréhension du texte.

Bilan sur les *Fables* de La Fontaine

LECTURE

Lecture d'ensemble

1. P. 60 : rapprochez la fable *Les deux Coqs* d'une autre fable de ce recueil et justifiez votre choix en indiquant les points communs entre les deux fables que vous aurez choisies.
2. Dans l'ensemble de ces fables, certains animaux sont récurrents ; relevez au moins trois animaux que l'on trouve à plusieurs reprises et donnez pour chacun trois exemples de fables.
3. Vous donnerez les traits caractéristiques de ces animaux.

Lecture linéaire

4. P. 12 : comment l'auteur fait-il pour rendre son dialogue très vivant ?
5. P. 23 : comptez le nombre de syllabes des vers de cette fable. Que constatez-vous ? En vous appuyant sur la partie *Méthode* de cette séance, indiquez ce que cela apporte au texte.
6. P. 51-54 : au début de cette fable, on trouve deux périphrases importantes (cf. partie *Méthode* de la séance 4) ; relevez ces périphrases et analysez ce que cette figure de style apporte à ces premiers vers. Qu'est-ce qui est ainsi mis en valeur ?
7. P. 84, v. 49 : qu'y a-t-il de particulier dans ce vers ? Quel lien pouvez-vous établir entre les deux propositions qu'il comporte ?

Lecture d'image

8. Regardez le tableau ci-après : comment les Muses sont-elles présentées ? Essayez de repérer des éléments qui nous permettent de savoir de quoi il est question sans même connaître le titre de l'œuvre.

Jacques Stella (1596-1657), *Minerve et les Muses,* (vers 1640).

Étude de la langue

Grammaire

9. P. 43 : relevez les verbes conjugués au présent de l'impératif et dites quelle est leur valeur selon les cas.

10. P. 69, v. 1, « Il se faut entraider » : la place du complément d'objet n'est pas habituelle. Le français classique avait l'habitude de le placer avant le premier verbe ; de nos jours, on le place devant le verbe qu'il concerne. Reformulez ce passage en français contemporain. Dans cette fable, trouvez deux autres passages identiques et reformulez-les également.

Orthographe

11. P. 76, v. 24, « mangeants » : que pouvez-vous dire concernant l'orthographe de ce mot ? Est-elle usuelle ? Justifiez votre réponse.

Vocabulaire

12. À plusieurs occasions, l'auteur fait référence à sa Muse (notamment aux pages 90 et 96) ; en vous appuyant sur la partie *Histoire des arts* de cette séance, expliquez à quoi il fait allusion.

EXPRESSION

Expression écrite

13. P. 49 : relevez dans cette fable des noms curieux, puis essayez d'inventer à votre tour des noms composés pour désigner des caractères des *Fables*, des figures historiques, des personnes que vous connaissez, etc. Ces noms pourront mettre en valeur des défauts, mais également des qualités.

14. P. 51 : récrivez sous forme de texte de théâtre la fable *Les Animaux malades de la Peste*. Vous respecterez les impératifs du genre théâtral. Concernant le narrateur, vous utiliserez un personnage qui viendra raconter sur scène ce qui se passe. Vous lui donnerez un nom expliquant son rôle.

Expression orale

15. P. 69 : dans *L'Âne et le Chien*, on lit : « Il se faut entraider, c'est la loi de la nature ». En vous appuyant sur votre lecture des fables et sur vos idées personnelles, organisez un débat sur cette idée.

16. Jouez devant vos camarades le texte que vous avez écrit pour la question 14.

HISTOIRE DES ARTS
Les Muses

Les Muses sont les divinités associées à l'art et à la création artistique. Au départ, elles étaient trois, mais, depuis Platon, on considère qu'elles sont au nombre de neuf. Elles sont souvent accompagnées d'Apollon et sont les filles de Zeus et de Mnémosyne, divinité de la mémoire et sœur des Titans.

Elles symbolisent chacune un talent particulier et elles sont toutes dotées d'attributs qui les caractérisent (ce qui est assez fréquent dans la mythologie antique). Voici ce que chaque Muse représente, ainsi que les attributs essentiels de chacune : **Calliope** représente l'éloquence (livre, tablette et stylet) ; **Clio** représente l'histoire (cygne) ; **Érato** représente l'art lyrique et érotique (tambourin, lyre) ; **Euterpe** représente la musique (flûte) ; **Melpomène** représente la tragédie (épée, masque tragique) ; **Polymnie** représente la rhétorique (couronne de perles) ; **Terpsichore** représente la danse (couronne de guirlande) ; **Thalie** représente la comédie (masque comique) ; **Uranie** représente l'astronomie (compas, globe).

PATRIMOINE

17. Molière a écrit une célèbre pièce que l'on peut mettre en relation avec l'une des fables de ce recueil. Trouvez de quelle pièce et de quelle fable il s'agit et dites quels sont leurs points communs.
18. P. 65, v. 67 : dans *Le Pouvoir des Fables*, il est question de *Peau d'âne*. Recherchez qui est l'auteur de ce texte et à quel genre il appartient. Que raconte-t-il ? Faites un rapide résumé de son intrigue.

Méthode — *Comment étudier un texte poétique (2)*

→ Après avoir observé les rimes, on observe en général les **vers**. (Dans une poésie, il faut également définir les strophes, mais dans les fables, il n'y en a pas.)
→ Les vers forment une écriture qui s'oppose à la prose. Ils représentent des lignes de textes qui ne sont liées, dans l'écriture classique, qu'à un nombre précis de **syllabes** (voir la partie *Notions littéraires* de la séance 5). Il faut donc compter les syllabes des vers de chaque fable qu'on étudie.
→ Quand on est certain du nombre total de syllabes, il faut analyser l'effet produit par les vers étudiés : les vers les plus utilisés comptent un nombre pair de syllabes, mais il arrive que les poètes utilisent un nombre impair et en particulier sept syllabes. Quand c'est le cas, il faut définir l'**impression faite sur le lecteur** : en général, l'effet recherché est d'accélérer le rythme du « récit », car cela permet des **enjambements** plus fréquents et la narration peut ainsi s'étendre sur plusieurs vers sans s'interrompre.

TEXTES ET IMAGES DANS LE CONTEXTE

1. Fable

ÉSOPE (VIIe-VIe siècles avant J.-C.), *Fables*,
« Le Loup et l'Agneau »
Texte traduit par Émile Chambry

Un loup, voyant un agneau qui buvait à une rivière, voulut alléguer un prétexte spécieux[1] pour le dévorer. C'est pourquoi, bien qu'il fût lui-même en amont, il l'accusa de troubler l'eau et de l'empêcher de boire. L'agneau répondit qu'il ne buvait que du bout des lèvres, et que d'ailleurs, étant à l'aval, il ne pouvait troubler l'eau à l'amont. Le loup, ayant manqué son effet, reprit : « Mais l'an passé tu as insulté mon père. – Je n'étais pas même né à cette époque » répondit l'agneau. Alors le loup reprit : « Quelle que soit ta facilité à te justifier, je ne t'en mangerai pas moins. »
Cette fable montre qu'auprès des gens décidés à faire le mal, la plus juste défense reste sans effet.

QUESTIONS

1. **Quels éléments de cette fable Jean de La Fontaine a-t-il repris ?**
2. **Qu'apporte l'écriture en vers ? (voir les parties *Méthode* des séances 5 et 6)**
3. **Comparez la morale de cette fable et celle de la fable *Le Loup et l'Agneau* de La Fontaine.**

Vocabulaire

1. *Spécieux :* qui n'est pas valable.

2. Fable

JEAN ANOUILH (1910-1987), ***Fables*** **(1946),**
« Le Loup, la Louve et les Louveteaux »

Le loup, l'horrible loup qui fait peur aux enfants,
Le loup maigre et cruel qui guette,
Assassin précis, l'innocent
Et l'emporte poissé de sang,
Rentre au foyer le soir où les siens lui font fête
Et s'écrie : « Vilains garnements,
J'espère qu'aujourd'hui vous avez été sages ?
Quand les petits loups sont méchants
Jésus pleure dans les nuages.
Votre maman n'a pas à se plaindre de vous ? »
« Non, non, s'écrient les petits loups,
Dis-lui, maman, de vraies images.
On s'est même laissé lécher
Sans pleurer !
Que nous apportez-vous, papa, pour récompense ? »
« Un beau petit agneau tout frais,
Vous voyez, il palpite encore... »
« Quelle chance !
Crient les mignons. Papa, laissez-nous l'achever. »
« Ils se portent bien, ils dévorent »
Dit la louve, l'œil attendri.
Et le couple, comblé, regarde
Le joyeux carnage de ses chers petits.
« Je n'ai jamais vu de loup plus dur, dit le garde.
Pissant le sang partout, dix balles dans le corps
Sur ses pattes brisées il se dressait encor.

La louve près de lui était déjà ruée,
Les louveteaux aussi. Il ne défendait plus
Que des cadavres. À la fin pourtant on l'a eu.
Et savez-vous, en rentrant de cette curée,
Ce que m'a dit la plus petite de mes filles ?
Pour un mot d'enfant, ce n'est pas banal… »
Le garde aussi aime bien sa famille…
Un monde d'innocents se tue et se torture.
Ce grouillement géant de meurtres et de mal,
Sous le regard froid de la lune,
C'est ce que l'homme appelle une nuit pure…
Pour Monsieur Lazareff[1], rien à mettre à la une
Dans son journal.

QUESTIONS

1. **Relevez deux parties dans ce texte. Indiquez l'idée principale développée dans chacune d'elles.**

2. **Que pouvez-vous dire des vers et des rimes de cette fable ?**

3. **Le Loup est-il montré sous le même jour dans cette fable que dans les fables d'Ésope et de La Fontaine ? Développez votre réponse.**

4. **Relevez la morale de cette fable et reformulez-la avec vos propres mots.**

Nom propre
1. *Monsieur Lazareff :* à l'époque de l'écriture de la fable, il était le directeur de France-Soir, quotidien français.

3. Gravure

Gustave Doré (1832-1883), *Le Loup et l'Agneau* (1868).

QUESTIONS

1. **Quel est ce type de document ?**

2. **Montrez que Gustave Doré a su mettre en valeur la différence de puissance des deux animaux.**

3. **Que pouvez-vous dire de l'attitude de l'Agneau ?**

LEXIQUE

A

Auteur : créateur de l'œuvre. À distinguer, dans un récit, du narrateur.

Autobiographie : récit énoncé en « Je », où l'auteur raconte, rétrospectivement ou non, sa propre vie.

C

Caractérisation : définition des propriétés de l'« objet » d'une description (choses, animaux, paysages) ou le « sujet » d'un portrait (individus).

Champ lexical : ensemble de mots qui développe un même thème.

Chute : fin particulièrement frappante d'une nouvelle.

Connotation : valeurs ajoutées à un terme, à une image variant selon l'origine, la culture du lecteur.

Conte : court récit qui raconte des événements imaginaires.

D

Dénotation : relevé des significations d'un mot présentes dans un dictionnaire, des éléments qui composent une image.

Dialogue : conversation, dans un récit, entre deux ou plusieurs personnages.

Discours rapporté : paroles ou pensées des personnages rapportées par le narrateur.

E

Ellipse : rupture, saut dans le temps de l'histoire.

Énonciation (marques d') : dans l'énoncé, marques (pronoms personnels, déterminants possessifs, temps verbaux...) de l'énonciateur qui s'adresse à un destinateur.

Excipit : dernières phrases d'un récit.

F

Fantastique (récit) : catégorie de récit qui raconte une histoire apparemment réaliste, mais où interviennent des éléments surnaturels. Suscite chez le lecteur un sentiment de doute sur la véracité ou l'invraisemblance de l'histoire.

Fiction : histoire imaginaire. S'oppose à une histoire « vraie », « réelle ».

Focalisation externe : point de vue du narrateur qui rapporte objectivement ce qu'il « voit » au fur et à mesure que se déroulent les événements de l'histoire.

Focalisation interne : point de vue du narrateur ou d'un personnage qui raconte, à la première personne, et subjectivement, l'histoire à laquelle il assiste ou participe.

Focalisation omnisciente : point de vue du narrateur qui « sait tout et voit tout ». Il connaît le début et la fin de l'histoire au moment où il raconte, il connaît les pensées intimes des personnages, etc.

H

Héros : sujet ou personnage principal qui, par ses actions, est le « moteur » de l'intrigue.

I

Incipit : premières phrases ou ouverture du récit qui permet au lecteur de construire des horizons d'attente et des hypothèses de lecture sur la suite de l'histoire.

Intrigue : enchaînement des faits et des actions qui forment la trame d'un récit.

M

Métaphore : image poétique fondée sur des ressemblances entre un comparé et un comparant.

Merveilleux (conte) : catégorie de récit qui raconte une histoire avec des personnages stéréotypés, à une époque et dans des lieux irréels et conventionnels. L'intrigue est souvent construite sur une quête et la fin en est heureuse.

Monologue intérieur : discours rapporté d'un personnage qui, dans un récit, se parle à lui-même.

N

Narrateur : créature de l'auteur, « voix » qui raconte l'histoire. Il peut être un témoin ou un personnage qui s'exprime en « je ». Il peut-être aussi une voix « effacée ». L'histoire est alors racontée à la troisième personne.

Nouvelle : court récit de fiction.

R

Réalisme : registre narratif d'une histoire qui crée une « illusion » de réel, qui paraît vraisemblable mais qui n'est pas vraie.

S

Schéma narratif : structure de l'histoire. Souvent décomposé en cinq parties : état initial, complication, actions et péripéties, résolution, état final.

Schéma actantiel : représentations des rapports « de force » entre les personnages qui peuvent assurer le rôle de sujet (ou héros), d'allié, d'opposant…

V

Vraisemblable : possible, crédible. À différencier du « vrai ».

Conception graphique : Muriel Ouziane et Yannick Le Bourg
Édition : Anne-Sophie Darlet
Illustrations des frises : Benjamin Strickler
Réalisation : Nord Compo, Villeneuve-d'Ascq
Crédits iconographiques : couverture et rabats : **Couverture et rabats : © Éditions Diane de Selliers – Cadre (couverture) : © Shutterstock – p. 5 : © Jean Vigne/Kharbine-Tapabor – p. 99 : © BNF - p. 103 : © Bridgeman Art Library – p. 107 : © Éditions Diane de Selliers – p. 107 : © Musée Jean-de-La-Fontaine, Château-Thierry – pp. 111, 115, 119, 125 : © Leemage.**

www.classiquesetpatrimoine.magnard.fr

IMPRIM'VERT
Votre imprimeur agit pour l'environnement

Achevé d'imprimer en juin 2019
par «La Tipografica Varese Srl» Varese en Italie
N° éditeur : 2017-1829
Dépôt légal : avril 2012

Certifié PEFC
Ce produit est issu de forêts gérées durablement et de sources contrôlées
PEFC
PEFC/18-31-264
www.pefc-france.org